조선의 은밀한 취향

왕과 왕비의
사적인 취미와 오락

조선의
은밀한
취향

곽희원 　 김재은
김효윤 　 박경지
백은경 　 손명희
신재근 　 안보라
이상백 　 이종숙
임지윤 　 최나래
지음

인물과
사상사

일러두기

1. 『조선왕조실록』은 국사편찬위원회 국역본(http://sillok.history.go.kr) 을 참고했다.
2. 본문에 나오는 날짜는 모두 음력이다.
3. 이 책의 외래어 표기는 국립국어원의 외래어 표기법에 따라 표기했다. 단, 중국어 인명과 지명은 한자음으로 표기했다.
4. 단행본·신문은 『 』, 시·기사·논문은 「 」, 그림·드라마·영화는 〈 〉로 표기했다.
5. 이 책에 수록된 사진과 도판은 소장처의 허가를 받았다.

정조와
송충이

1798년 4월, 몇 년에 걸쳐 정성스레 가꾼 현륭원의 숲에 송충이가 들끓어 수많은 나무가 고사할 위험에 처하자 정조는 송충이를 소탕하기 위한 방안을 강구한다. 어명御命으로 백성들을 강제 동원해 송충이를 잡게 할 수도 있었을 테지만, 정조는 백성들이 잡아온 송충이를 돈을 주고 사들이도록 했다. 백성들의 수고에 대해 합당한 대가를 치르고자 했던 정조의 바르고 따뜻한 마음이 느껴지는 대목이다.

정조의 미담은 여기에서 끝나지 않는다. 잡아들인 송충이를 처리하는 방식을 두고 정조는 다시 고심했다. 사람에게 피해만 주는 벌레일지라도 살아 움직이는 생명체를 그대로 불에 태워 죽이는 것은 너무 잔인하다고 그는 생각했다. 그리하여 지방 수령이 선정을 베풀자 농사를 망치는 메뚜기들이 스스로 바닷속에 날아들어 물고기와 새우로 변하는 기적이 일어났다는 중국의 고사故事를 언급하며 송충이들을 바다에 던져 넣으라는 명을 내렸다.

이 이야기는 『승정원일기』에 기록되어 있는 내용으로, 냉철한 개혁 군주의 비범한 면모에 압도되어 우리가 미처 알아채지 못했던 정조의 애민 정신과 섬세하고 여린 마음, 엉뚱하기까지 한 의외의 모습을 알게 해주는 일화라고 하겠다.

이 책에 실린 글들은 정조와 송충이 이야기처럼 지금까지 우리가 잘 모르고 있던 조선 왕과 왕비 등 왕실 가족의 다양한 면모를 '취향'이라는 측면에서 새롭게 조명해 보고자 기획되었다. 조선의 왕과 왕실 가족들은 한 사람의 자연인으로서 사랑스럽고 어여쁜 것에 마음을 기울이고, 좋아하는 것을 즐기고 누렸다. 또 자신의 취향을 마음껏 드러내거나 가끔은 그 정도가 지나쳐 물의를 일으키기도 하는 모습을 이 책에서 만나볼 수 있다.

원숭이가 얼어 죽을까 걱정해 가죽옷을 지어 주게 한 성종, 한문 소설을 손수 한글로 옮겨 번역서를 만든 효종과 인선왕후, 판소리에 심취한 나머지 총애하는 명창에게 벼슬을 내린 고종의 모습을 보면서, 그들도 소소한 감정과 욕구에 연연했던 평범한 사람들이었다는 것을 새삼 깨닫는다. 그런가 하면 분판을 곁에 두고 머릿속에 떠오른 생각을 즉시 기록했던 세조의 모습에서 메모광을 떠올리고, 진귀한 화초 수집과 화원 조성에 집착했던 연산군을 보며 그러한 행위가 궁극적으로 마음의 상처를 치유하기 위한 것은 아니었는지 가여운 마음이 들기도 한다.

이 책에 수록된 31편의 글은 지난 1여 년 동안 『한국일보』에 연재된 글을 다듬고 추가한 것이다. 이 책이 나오기까지 많은 사람의 도움이 있었다. 귀중한 지면을 제공해준 『한국일보』와 도판과 사진을 제공해준 많은 박물관과 문화재청에 감사의 말씀을 드린다. 아울러 서툴고 부족한 글을 눈여겨보고 멋진 책으로 출간해준 인물과사상사에 감사의 말씀을 드린다.

곽희원·김재은·김효윤·박경지·백은경·손명희·

신재근·안보라·이상백·이종숙·임지윤·최나래

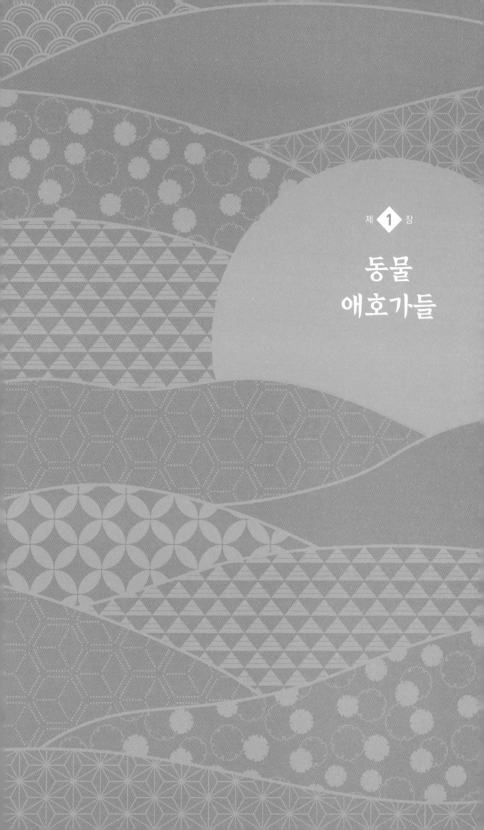

제 **1** 장

동물
애호가들

조선의
고양이
집사

● 이종숙(국립고궁박물관 학예연구관)

감추어둔 나의 고기를 훔쳐 배를 채우고

천연스레 이불 속에 들어와 잠을 자누나.

쥐들이 날뛰는 게 누구의 책임이냐.

밤낮을 가리지 않고 마구 다니네.

    고려시대 문인 이규보李奎報가 지은 「고양이를 나무라다責猫」라는 제목의 시다. 자신이 해야 할 일은 하지 않으면서 도리어 말썽을 피우고도 어느새 주인의 이불을 차지하고 있는 얄미운 고양이를 책망하고 있지만, 그 행간에서 고양이에 대한 잔잔한 애정을 읽을 수 있다.

고양이는 약 5,000년 전 아프리카 리비아 지방의 야생 고양이가 고대 이집트인에 의해 순화·사육되어 점차 세계 각지로 퍼졌다고 한다. 우리나라에는 대체로 10세기 이전에 중국과 교류하는 과정에서 들어온 것으로 추측된다. 이규보의 시는 약 800년 전 고려시대 사람들도 고양이와 더불어 집 안에서 함께 생활했음을 알게 한다.

하지만 '인간은 개를 가축화했지만, 고양이는 인간을 가축화했다'는 어느 인류학자의 말처럼, 개와 다르게 고양이는 주인에게 무조건 순종하거나 한결같이 사랑스럽게 굴지 않는다. 조선 후기 학자 이익李瀷의 말처럼 여러 해를 길들여 친하게 지내다가도 제 비위에 맞지 않으면 하루아침에 돌변해 주인을 남 보듯 하는 매정한 동물이다.

그렇지만 고양이의 귀여운 외모와 도도한 자태에 마음을 빼앗긴 인간들이 그의 주술에 걸려들기라도 한 듯 그의 마음을 얻기 위해 몸과 영혼을 바쳐 봉사하고 노력을 아끼지 않는다. 이런 상황에 이르게 되니, 요즘에는 흔히 이들을 일컬어 '고양이 집사'라고 한다.

엄격한 분위기 속에서 개인의 시간이라고는 거의 없었을 것 같은 조선 왕실에도 이름난 고양이 집사들이 있었다. 그들은 바로 숙명공주淑明公主와 숙종이다. 공교롭게도 이 고양이 집사들은 고모와 조카 사이다. 숙명공주가 현종의 누나이고 숙종은 현종의 아들이므로 숙종에게는 고모가 되는 것이다.

숙명공주는 효종과 인선왕후의 셋째 딸로 태어나 1649년 효종이 왕위에 오르면서 공주로 진봉進封되었다. 그리고 1652년 이조참판 심지원沈之源의 아들 심익현沈益顯과 혼인했는데, 효종의 딸 사랑이 지극한 나머지 사헌부에서 숙명공주를 위해 인왕산 아래에 짓고 있는 집이 지나치게 크고 사치스러우니 절검節儉을 실천하라는 지적을 받기도 했다.

숙명공주가 애묘가愛猫家였다는 사실은 효종이 시집간 딸에게 직접 써서 보낸 한글 편지를 통해 알 수 있다. 이 편지의 정확한 연대는 알 수 없고, 공주가 혼인한 1652년에서 효종이 승하한 1659년 사이로 추정된다.

겨우 세 문장으로 이루어진 짧은 편지에서 아버지 효종은 어찌하여 고양이를 품고 있느냐며 사랑하는 딸의 철없는 행동을 꾸짖고 있다. 사소하다고도 할 수 있는 공주의 취미 생활을 두고 궁궐의 친정아버지까지 걱정해 한 말씀 하실 정도였다면, 그것은 숙명공주의 지나친 고양이 사랑에 대해 이미 시댁 안에서 불만의 소리가 나오고 있었기

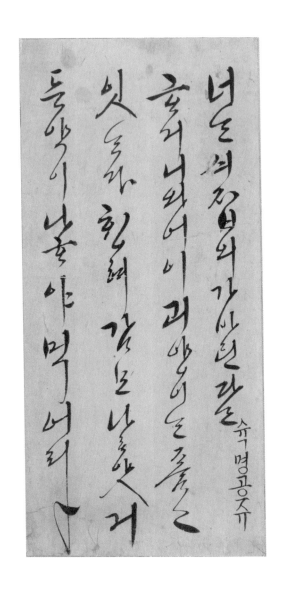

효종은 한글 편지를 보내 '어찌하여 고양이를 품고 있느냐'며
사랑하는 딸의 철없는 행동에 짧지만 강력한 경고 메시지를 날렸다.
(국립청주박물관 소장)

때문일 것이다.

사대부가에 시집와서 고양이 따위나 품에 안고 노는 며느리의 모습이 집안 어른들의 눈에 예뻐 보일 리 없었을 것이다. 그렇다 하여 지엄한 신분인 공주를 불러 면전에서 나무랄 수도 없었을 테다. 이에 소식을 접한 효종이 직접 나서서 딸에게 짧지만 강력한 경고 메시지를 날린 것은 아니었을까?

숙종은 조선 왕실에서 제일의 애묘가라 칭해도 좋을 만큼 그의 고양이 사랑을 전하는 기록이 다수 남아 있다. 고양이에게 깊은 애정을 쏟았다는 점 때문에 일단 숙종을 고양이 집사로 명명하기는 했지만, 사실 그의 반려묘는 고양이답지 않게 절대적 충심忠心을 보여주었다. 그 덕분에 당시 사람들의 기록에 이름을 남기는 영광을 누리게 되었다.

숙종의 반려묘에 대해 가장 상세한 내용이 담겨 있는 김시민金時敏의 「금묘가金猫歌」 서문과 본문 내용을 간추리면 다음과 같다.

숙종 때 궁중에 고양이가 살았는데 숙종이 그 고양이를 매우 아껴 '금묘金猫'라는 이름을 지어주었다. 이름 그대로 그 고양이는 황금색이었다고 하는데, 요즘에도 주변에서 흔히 볼 수 있는 누런색 고양이로 추정된다. 금묘는 궁중 안에서 임금을 가까이 모시고 밥을 먹을 수 있는 유일한 존재였고, 추운 밤이면 감히 용상龍床 곁에서 잠을 잤다고 하니 숙종의 고양이 사랑이 어느 정도였는지 대충 짐작이 간다.

그러던 어느 날 금묘는 숙종에게 올릴 고기를 훔쳐 먹었다는 죄를 뒤집어쓰고 궁인들에 의해 절로 쫓겨나는 신세가 되고 말았다.

이후 숙종이 승하하자 그 사실을 알게 된 금묘는 음식을 먹지 않고 3일 동안 슬프게 울기만 했다. 이 소식을 들은 숙종 비 인원왕후가 그를 가엾게 여겨 궁궐로 다시 돌아오게 했다. 하지만, 주인을 영원히 잃은 고양이는 여전히 먹기를 거부하고 애처로이 울며 빈전殯殿(왕이나 왕비의 관을 모시던 전각殿閣) 주변을 맴돌 뿐이었다.

그렇게 슬피 울기를 수십여 일, 결국 금묘는 빈전 계단에서 피골이 상접한 모습으로 숨진 채 발견되었다. 끝내 주인을 따라간 금묘에게 감동한 인원왕후의 지시에 따라 금묘는 비단옷에 싸여 숙종의 능인 명릉明陵 가는 길 옆에 묻혔다.

이하곤李夏坤도 숙종이 승하한 해인 1720년 「궁중의 고양이에 대해 쓰다書宮猫事」라는 글을 지었는데, 이 글에 따르면 숙종의 반려묘가 그렇게까지 한 데에는 나름의 사연이 있었다. 이하곤의 글에서는 숙종의 죽음을 애도하다

숙종이 세상을 떠나자
금묘는 음식을 먹지 않고 3일 동안 슬프게 울기만 했다.
영조대에 활동한 화가 변상벽卞相璧이 그린 〈고양이와 참새猫雀圖〉.
(국립중앙박물관 소장)

숨진 반려묘의 이름을 '금손金孫'이라 했는데, 김시민이 기록한 '금묘'와 동일한 고양이다.

어느 날 숙종이 후원을 거닐다 굶어 죽기 직전의 어미 고양이를 발견했다. 숙종은 궁인들을 시켜 그 어미 고양이를 궁궐에서 기르게 하고 '금덕金德'이라는 이름도 지어주었는데, 금덕이 낳은 새끼가 다름 아닌 금손이었다. 이후 어미 고양이 금덕이 세상을 떠나자 숙종은 장례를 지내주도록 명하고 금덕의 죽음을 애도하는 글까지 지었다. 이하곤이 생각하기에 금손이 숙종의 죽음을 슬퍼해 목숨까지 버린 것은 자신의 어머니를 살리고 거두어준 은혜에 보답한 것이었다.

조선시대 역대 왕들이 지은 시문을 모아 편찬한 『열성어제列聖御製』에 과연 숙종이 지은 「죽은 고양이를 묻어주다埋死猫」라는 글이 실려 있는데, 이 고양이가 바로 어미 고양이 금덕으로 짐작된다. 이 글에서 숙종은 귀한 동물이 아니지만 고양이를 예우해 묻어주는 까닭은 주인을 친근히 여기며 따르는 그 모습을 사랑했기 때문이라고 했다. 그리고 한낱 짐승에 불과하면서도 주인을 사랑할 줄 알았던 고양이에 대한 이 같은 예우는 지나친 것이 아니라고 했다.

고양이의 죽음 앞에서 지난날 고양이와 나누었던 정을

되새기는 숙종의 모습, 이하곤이 기록했듯이 상 아래에 엎드려 있는 금손에게 자신의 음식을 나누어주는 숙종의 모습은 조강지처인 인현왕후를 모질게 궁궐 밖으로 내쫓았던 그 비정한 왕과 사뭇 다르게 다가온다.

하찮은 미물에게 따뜻했던 숙종의 숨겨진 성정을 물려받은 것일까? 훗날 숙종의 아들 영조는 그의 아픈 팔을 치료하는 데 고양이 가죽을 써보자는 내의원 관리의 말에, 여러 마리의 고양이가 궁궐 담장 사이로 오가는 모습을 본 일이 떠올라 차마 그렇게 못하겠다고 답한다. 이런 따뜻한 마음을 그들 각자의 부인과 아들(사도세자)에게도 베풀었다면 조선의 역사는 어떻게 달라졌을지 자못 궁금해진다.

원숭이를
선물로
받다

원숭이, 코끼리, 공작, 낙타 등은 우리나라에 자생하지는 않지만 동물원에 가면 그리 어렵지 않게 만나볼 수 있는 동물이다. 그러나 조선시대에는 지금과 같은 동물원이 없었기 때문에 외국에서 서식하는 동물들을 눈으로 직접 보기란 쉬운 일은 아니었을 것이다. 간혹 다른 나라에서 선물로 진귀한 외국의 동물들을 보내오는 경우가 있었고, 외국으로 가는 사신들이 연행길에 만났던 이국적인 동물들에 대한 글이 일부 남아 있다.

・ 백인경(국립고궁박물관 학예연구사)

그중에서도 원숭이는 일본에서 방물方物로 보냈던 동물로,『조선왕조실록』에 비교적 여러 번 등장한다. 원숭이에 대한 조선시대의 기록은 1394년 일본에서 태조 이성계에게 원숭이를 바쳤다는 것이 처음이고, 일본은 이후 어느 시점까지 지속적으로 원숭이를 보내왔다.

선물로 받은 원숭이는 주로 사복시에 두고 사육했는데, 세종대에는 상림원에서 기르기도 했다. 상림원은 궁궐의 꽃과 나무를 관리하는 기관이었지만, 때로는 외국에서 선물한 원숭이나 공작 등의 관리를 맡기도 했던 모양이다. 사복시는 조선시대에 말·소의 사육과 수급, 전국의 목장 신축과 증설, 관리 등의 업무를 담당했던 병조 소속의 관청이다. 태종대에는 일본에서 선물한 코끼리를 사복시에서 기르기도 했다.

일본에서 원숭이를 선물로 바친 것은 주로 조선 전기에 확인된다. 선물은 상대방이 받았을 때 좋아할 만한 귀한 것이나 상대방이 원하는 것을 선택하는 것이 일반적이다. 이런 점에서 볼 때, 원숭이에 대한 조선 전기 국왕들의 인식은 대체로 호의적이었던 것 같다.

조선 전기의 왕실은 왜 원숭이 선물에 대해 호의적이었을까? 세종은 제주 목사牧使가 잡아 길들인 원숭이 여섯 마리를 잘 길러 번식에 힘쓰라고 명했고, 문종 역시 일본

일본에서 선물로 받은 원숭이는 사복시나 상림원에서 사육했다.
조선 후기 화가 김익주金翊胄가 그린 〈어미와 새끼 원숭이〉에서는
어미 원숭이가 나뭇가지에 매달려 재롱을 부리는 새끼 원숭이를 바라보고 있다.
(국립중앙박물관 소장)

에서 원숭이를 지속적으로 선물하기를 바랐다. 1447년 당시 세자였던 문종은 승정원에 일본에서 가져온 원숭이 암수 두 마리의 값을 치르라 이르면서 일본어에 능통했던 윤인보尹仁甫를 시켜 왜인倭人에게 말할 때 슬그머니 국가에서 원숭이 구하는 뜻을 보이라고 명했다. 원숭이를 구하는 뜻을 문종은 다음과 같이 말했다.

"사복 제조提調 김종서金宗瑞가 이르기를 '원숭이가 있는 곳에서는 말이 병들지 않는다' 했고 윤인보도 '일본에서 원숭이를 기르는 것은 오직 이 때문으로, 말을 기르는 자에게 원숭이가 없다면 반드시 그림이라도 그려서 벽에 붙여 예방한다'고 한다. 우리나라로 말하면 궁궐 안에서는 원숭이가 있어서 말이 병들지 않지만, 궁궐 밖에는 원숭이가 없어서 말이 자주 죽는 것이 그 증험이다."

일본은 문종이 즉위한 해인 1450년에도 향, 목향, 후추 등 귀한 예물과 함께 원숭이 두 마리를 보내왔다. 당시 말은 국가의 안위를 위해 꼭 필요한 존재였고, 명나라에서도 선물로 원했기 때문에 원만한 외교 관계 유지를 위한 수단이기도 했다.

이처럼 말 사육이 국정 운영의 중요한 부분이었기 때문에, 말을 건강하게 기르는 데 도움이 된다고 생각했던 원숭이에 대해서도 호의적이었던 것이다. 당시는 사람을 위한 의료 기술도 그리 발달된 상황이 아니었기에 동물을 돌보는 수의사의 양성은 더욱 쉽지 않았고, 인원 또한 부족했을 것이다.

말을 키우는 데 원숭이가 도움이 된다는 것은 중국 위진남북조시대 북위北魏의 가사협賈思勰이 6세기 무렵 저술한 농업기술서『제민요술齊民要術』에 언급되어 있다. 이 책에는 "항상 마구간에 원숭이를 매어놓아, 말로 하여금 두려움과 사악함을 물리쳐 모든 병을 해소한다"라고 적혀 있다. 여기서 말이 두려워하는 존재란 바로 쥐이고, 쥐는 원숭이를 두려워하므로 말과 원숭이를 같이 두면 말은 쥐의 공포에서 벗어날 수 있을 뿐만 아니라 말의 털 속에 기생하는 해충을 원숭이가 잡아주므로 말은 병에 걸리지 않게 된다는 것이다.

조선의 왕 중에서도 성종은 원숭이와 관련된 아주 각별한 일화를 남겼다. 평소 다양한 동물에 대한 관심과 애정이 지극했던 그였던지라 외국에서 선물한 원숭이도 예외는 아니었던 것 같다. 성종은 1477년 11월 4일 석강夕講(왕이 저녁에 신하들과 더불어 글을 강론하던 일)에서 손비장孫比長과 애완물을 기르는 것에 대해 다음과 같이 논의했다.

"'어제 사복시에서 흙집土宇을 지어 원숭이를 기르자고 청하였고, 또 옷을 주어서 입히자고 청하였는데, 신의 생각으로는 원숭이는 곧 상서롭지 못한 짐승이니, 사람의 옷을 가지고 상서롭지 못한 짐승에게 입힐 수는 없습니다. 더구나 한 벌의 옷이라면 한 사람의 백성이 추위에 얼지 않도록 할 수 있습니다. 신은 진실로 전하께서 애완물愛玩物을 좋아하시지 않는 줄로 알고 있습니다. 그러나 태사太史(역사를 기록하는 사신)가 사책史策에 쓴다면 후세에서 전하더러 애완물을 좋아하였다고 하지 않을는지 어찌 알겠습니까?' 하니, 임금이 말하기를,…… '내가 애완물을 좋아하는 것이 아니다. 외국에서 바친 것을 추위에 얼어 죽게 하는 것은 불가할 것이다. 사복시에서 청한 것은 옷이 아니고 사슴가죽鹿皮을 주어서 이에 입히고자 청하였을 뿐이다. 경이 잘못 들은 것이다' 하였다."

음력 11월 4일, 그야말로 한겨울이었던 이때 성종은 원숭이가 추위에 고생하다가 얼어 죽지는 않을지 마음이 쓰였던 것이다. 손비장이 그런 마음을 지적하자 성종은 다소 궁핍한 구실로 답했던 것이다. 조선시대에는 국왕이 어떤 특정한 대상에 깊이 빠져 국정에 소홀해지는 것을 매우 경계했기 때문에 국왕과 신하들은 이를 두고 많은 논쟁을 벌이기도 했다.

자신이 원하는 취미 생활도 자유롭게 하지 못하고 일거수일투족을 모두 신하들의 간섭을 받았던 조선 국왕의 처지가 오늘날의 관점에서 볼 때는 다소 안쓰럽기도 하다. 어찌 되었건 성종의 '원숭이 옷' 사건 이후로 『조선왕조실록』에는 일본에서 보내온 원숭이 선물에 관한 내용을 찾아보기가 어렵다.

연산군대에 일본에서 보낸 원숭이를 두 차례나 되돌려 보냈고 그 이후로 선조대에 원숭이를 선물로 받은 기록이 마지막으로 확인될 뿐이어서 원숭이에 대한 인식이 조선 전기와는 달라졌음을 짐작해볼 수 있다.

원숭이는 길상吉祥의 의미도 가지고 있다. 원숭이 '후猴' 자와 제후 '후侯' 자가 발음이 같기 때문에 원숭이는 높은 벼슬에 오르기를 바라는 뜻이 있다. 큰 원숭이가 작은 원숭이를 무등을 태우고 있는 그림인 〈배배봉후輩輩封猴〉역시 대대로 후손이 높은 벼슬에 봉해지기를 기원하는 길상의 상징이다.

그래서인지는 몰라도 고려시대부터 학문을 하는 사람이 늘 가까이 두고 사용했던 문방구 중에 먹을 담는 작은 항아리나 연적 등은 원숭이의 모양을 한 것들이 있다. 조선시대 왕실의 혼례에 사용되었던 〈백자도百子圖〉에도 같은 바람이 담겨 있다.

19세기의 〈백자도〉는 수많은 아이가 괴석怪石과 나무 등으로 잘 꾸며진 정원에서 장군 놀이, 닭싸움, 연못 놀

19세기의 〈백자도〉는 수많은 아이가 정원에서 장군 놀이,
연못 놀이, 원숭이 놀이 등 여러 가지 놀이하는 모습을 그린 그림이다.
〈백자도〉 중 원숭이 놀이 그림.
(국립고궁박물관 소장)

조선시대의 백자 항아리에는 원숭이가 포도나무에 걸터앉아
포도송이를 따려는 듯 팔을 길게 뻗치고 있는 그림이 그려져 있다.
18세기 백자 청화 포도 원숭이 무늬 항아리.
(국립중앙박물관 소장)

이, 나비 잡기, 관리 행차 놀이, 원숭이 놀이, 매화 따기 등 여러 가지 놀이하는 모습을 그린 그림이다. 이 그림들은 많은 자손을 낳고 자손이 훌륭하게 자라나기를 바라는 마음을 담고 있는데, 원숭이 놀이 장면은 입신출세를 상징한다.

원숭이는 때로 포도와 함께 표현되기도 한다. 조선시대의 백자 항아리에는 원숭이가 포도나무 줄기에 걸터앉아 포도송이를 따려는 듯 팔을 길게 뻗치고 있는 그림이 그려져 있다. 여기서도 촘촘히 박힌 포도알은 많은 자손을 상징하고 원숭이는 입신출세를 의미한다.

원숭이는 또한 국왕이 거처하는 궁궐을 수호하는 벽사辟邪의 임무를 수행하기도 했다. 중국 소설 『서유기』에서 대당사부(삼장법사)를 호위했던 손오공은 대당사부, 저팔계, 사화상, 마화상 등과 함께 지붕 위의 잡상雜像으로 이어져 궁궐에 미치는 나쁜 기운을 물리치고 수호하는 역할을 했다. 경복궁과 창덕궁 등 주요 궁궐의 지붕 위에는 지금도 원숭이 잡상, 즉 손행자孫行者가 조선의 궁궐을 굳건히 지키고 있다.

이성계에게는
준마가
있었다

● 김재은(국립고궁박물관 학예연구사)

자크 루이 다비드Jacques-Louis David의 〈알프스 산맥을 넘는 나폴레옹〉(1801년)은 백마를 타고 알프스 산맥 너머를 가리키며 군대를 이끄는 나폴레옹의 모습을 그린 그림이다. 넘치는 힘을 주체할 수 없다는 듯 앞다리를 들고 당장이라도 뛰어나갈 듯한 자세를 취하고 있는 말의 모습은 나폴레옹의 영웅적 면모를 더욱 강조한다. 이 그림처럼 말을 탄 모습은 군주의 권력을 과시하는 상징성을 드러내는 경우가 많다.

고대부터 말을 권력자, 특히 천자天子와 연관 짓는 관념은 동서양에 공히 나타났다. 중국에서는 왕조 교체기에 창업주를 도와 활약한 말이 건국의 중요한 상징으로 종종 등장했다. 은나라의 주왕을 제압하고 주나라를 세운 무왕, 아버지를 도와 당나라 건국에 무공을 세운 태종의 활약 속에 등장하는 말은 그 전형이다. 여기서 말은 주인과 함께 전장을 누비며 난세를 평정하고 새로운 세상을 여는 데 공적을 세운 존재로 묘사되었다.

조선을 건국한 태조 이성계는 고려 말의 뛰어난 무장이었다. 공민왕을 도와 원나라 세력을 축출하는 데 일조했을 뿐만 아니라, 원나라와 명나라가 교체되는 혼란 속에 흥기했던 홍건적과 여진, 왜구의 침입을 평정하는 데 큰 공을 세웠다. 그는 난세에 빛나는 승리를 쌓아간 실질적인 영웅이었다. 그가 승리를 일궈낸 전장을 함께 누빈 존재가 있었으니, 바로 그의 말들이었다.

이성계의 말들은 흔히 '팔준八駿'으로 알려져 있다. 횡운골橫雲鶻, 유린청遊麟靑, 추풍오追風烏, 발전자發電緖, 용등자龍騰紫, 응상백凝霜白, 사자황獅子黃, 현표玄豹라는 이름의 여덟 마리 말이 바로 그것이다.

조선 왕조 창업의 역사를 칭송해 기록한『용비어천가』에서 태조의 말에 대한 내용을 처음 확인할 수 있다.『용비어천가』제69장은 태조가 조선을 건국한 것을 당 태종의 업적에 빗대 칭송했는데, 태종에게 여섯 마리의 준마駿馬가 있었다면, 태조에게는 여덟 마리의 준마가 있어 창업의 위업을 이루어낼 수 있었다고 했다. 이를 시작으로 태조가 탔던 말을 곧 조선 왕조 건국의 상징으로 이해하는 문법이 만들어졌다.

『용비어천가』제30장에도 태조의 말 이야기가 실려 있다. 청년 이성계가 장단에서 사냥을 할 때 '오명적마五明赤馬'를 타고 높은 고개를 넘어가고 있었다. 고개 아래는 낭떠러지였다. 이때 갑자기 노루 두 마리가 튀어나와 달아나자 이성계는 말을 달려 노루를 쫓아갔다. 기어코 화살을 명중시켜 노루를 쓰러뜨리고는 급히 말머리를 돌려 멈추었는데, 절벽에서 불과 몇 걸음 떨어진 거리였다. 사람들이 기예에 가까운 이성계의 솜씨에 탄복하자, 이성계가 웃으며 "내가 아니면 멈출 수 없다"라고 자부했다고 한다.

이 일화는 임금이 될 사람에게는 기적 같은 일이 일어난다는 것을 보여주는 소재로 활용되었는데, 여기에 등장한 '오명적마'가 팔준의 하나인 '발전자'다. 오명적마는 코와 네 발이 모두 흰 붉은색 말을 의미하는데, 그 모습이 『용비어천가』제69장에서 묘사하고 있는 발전자의 모습과 꼭 닮아 있으며, 장단에서 사냥을 할 때 탔다는 기록과

이성계는 횡운골, 유린청, 추풍오, 발전자, 용등자, 응상백, 사자황, 현표라는
이름의 여덟 마리 준마를 타고 다녔다.
『팔준도첩』 중 발전자의 그림.
(국립중앙박물관 소장)

도 일치한다.

　1446년 세종은 『용비어천가』의 팔준에 대한 내용을 보고, 이를 그림으로도 그려 건국의 자취를 남길 수 있도록 했다. 당대 최고의 화가였던 안견安堅이 태조의 여덟 마리 말을 그렸으며, 집현전 학사들은 찬문撰文을 붙였다. 이듬해인 1447년에는 관료들을 대상으로 하는 과거 시험에서도 〈팔준도八駿圖〉를 제목으로 하는 글을 짓도록 했는데, 성삼문成三問이 1등으로 뽑히기도 했다.

　난세를 평정한 국왕의 업적을 강조하기 위해 국왕이 탔던 말을 그리는 일은 이후 세조와 연산군에게 이어졌다. 세조는 자신이 말을 달리고 활을 쏘는 데 뛰어난 재주가 있어 삼군三軍의 복종을 이끌어낼 수 있었고, 이것이 곧 정난靖難(세조가 단종을 몰아내고 왕위에 오른 사건)의 기초가 되었으니 자신과 함께한 말들을 잊을 수 없다고 하면서 태조의 〈팔준도〉를 따라 〈십이준도十二駿圖〉를 그리게 했다.

　연산군도 태조의 팔준, 세조의 십이준을 되새기며 자신의 네 마리 말을 그리도록 했다. 조선 국왕으로서 정통성이 취약했던 세조와 연산군이 태조의 행적과 권위를 빌려 왕업의 명분을 세우려 했던 것으로 여겨진다.

　그러나 태조의 말들은 왕조 창업의 역사를 칭송하기 위한 상징만은 아니었다. 그의 말들은 실제 태조와 함께 수많은 전장에 나가 몸에 화살을 맞아가며 승리를 일궈냈던 전우였다. 『용비어천가』를 비롯해 태조의 팔준에 대해 쓴 문헌에는 태조의 말들이 전장에서 맞은 화살 개수가 훈장처럼 기록되어 있다.

횡운골은 태조가 원나라 장수 나하추納哈出를 쫓아내고 홍건적을 평정할 때에 탔다고 하는데, 전장에서 화살 두 발을 맞았다. 유린청은 태조가 오녀산성을 차지했을 때와 해주·운봉 등지에서 왜구를 상대로 승전할 때에 탔던 말로, 역시 화살 세 발을 맞았다. 추풍오와 용등자도 전장에서 각각 화살을 한 발씩 맞았다.

전장에서 어려움을 함께 극복하며 태조를 승리로 이끈 말들이었던 만큼 이들의 존재는 각별했다. 그중에서도 유린청은 태조에게 더욱 특별한 말이었다고 전해진다. 태조는 유린청이 여섯 살 때부터 이 말을 타기 시작해서 서른한 살에 죽을 때까지 25년의 세월을 함께했다. 1370년 공민왕이 요동遼東 지역을 공략하기 위해 이성계를 출정시켰을 때 함께한 것도 유린청이었다.

이때 이성계는 화살 70여 발을 쏘았는데, 모두 적군의 얼굴에 명중시켜 군사들의 사기를 크게 올렸다. 그 결과 오녀산성을 차지하는 큰 승리를 거두었으니, 유린청도 이러한 대승을 옆에서 지켜보았을 것이다. 유린청의 가슴 오

유린청은 태조가 오녀산성을 차지했을 때와
해주·운봉 등지에서 왜구를 상대로 승전할 때에 탔던 말이다.
『팔준도첩』 중 유린청의 그림.
(국립중앙박물관 소장)

른쪽, 왼쪽 목덜미와 오른쪽 볼기에는 전장의 상처가 남아
있었다. 유린청이 죽자 사람들이 모두 슬퍼했다고 하며,
석조石槽를 만들어 묻어주었다.

태조는 왕위에 오르고 난 뒤 여덟 마리 중 노령의 말 두
마리는 놓아 보내주었다고 한다. 이는 주나라 무왕이 천하
를 평정한 뒤 해산하면서, 무공을 세울 때 동원했던 말은
화산 남쪽 기슭으로 돌려보내고 소는 도림桃林의 들에 풀
어놓아 다시 쓰지 않을 것을 온 천하에 보였다는 고사를
따른 것이다.『증보문헌비고增補文獻備考』에는 함경도 단천
에 있는 목장에서 이때 풀어준 말들의 새끼를 받아 대대로
길러왔으며, 이로 인해 나라 안에서 가장 유명한 말들이
이 목장에서 생산되었다고 기록되어 있다.

태조의 여덟 마리 말의 모습은 숙종대 만든『팔준도첩
八駿圖帖』을 통해 지금까지 전해지고 있다. 앞서 세종대 안
견이 그린〈팔준도〉는 전란으로 소실되었고, 숙종대 화원
畫員에게 명해 다시 그리도록 했다. 그리고 숙종이 그림에
찬문을 짓기도 했다. "태조 대왕께서 나라를 세우실 때의
어려움을 잊지 않고 후대 그것을 지켜나가는 것의 어려움
을 생각하는 마음"을『팔준도첩』을 통해 전하고자 했다고
썼다.

숙종은 왕실의 족보인『선원계보기략璿源系譜紀略』을 편

찬하고, 역대 국왕의 글과 글씨를 모아 『열성어제』와 『열성어필列聖御筆』을 편찬하는 등 왕실 문화의 정비를 통해 조선의 정통성을 세우는 데 힘쓴 왕이다. 특히 창업주 태조의 업적을 재평가하고 그의 자취를 기념하는 일은 왕조의 정통성을 세우는 데 중요한 부분이었으며, 창업의 역사를 지키고 계승해나갈 자기 자신의 권위를 강조하는 일이기도 했다. 이를 통해 조선 후기에 이르기까지 국왕의 권위와 왕실의 위엄을 강조하고자 할 때 창업주 태조와 그의 여덟 마리 말이 효과적인 정치적 상징으로 지속적으로 소환되었음을 알 수 있다.

학을
꿈꾸는 집에
살다

손명희 (국립고궁박물관 학예연구관)

순조와 순원왕후의 맏아들인 효명세자(익종)가 성장한 19세기 전반은 정조가 이룩한 문예부흥의 성과가 지속된 시기였다. 순조의 배려와 정치적 고려로 효명세자는 학문과 문예적 역량이 탁월한 문신들의 보좌를 받았다. 정조대 문예부흥의 토양 속에서 배출된 이들이었다.

효명세자의 측근으로는 서예의 대가 추사秋史 김정희金正喜와 그의 아버지 김노경金魯敬, 김정희와 더불어 금석문의 대가이자 서예에 이름 높았던 조인영趙寅永, 김정희

효명세자는 궁궐 한복판에
단청을 칠하지 않은 단아하고 소박한 의두합을 짓고,
여기에서 고아한 취향과 산거의 이상을 실현했다.

의 동지로 서화書畫에 능했던 권돈인權敦仁 등이 있었다. 비록 정치적으로는 견제의 대상이었지만, 효명세자의 외조부 김조순金祖淳과 외숙부 김유근金逌根 또한 시문과 서화에 뛰어난 인물이었다.

어린 시절부터 남달리 총명했던 효명세자는 최고 문신들의 보좌를 받으며 22년의 짧은 생애를 살았지만 문예 군주 정조에 버금가는 문예적 성취를 이룩할 수 있었다. 그리고 당대 최고급 문화예술의 유행과 취향을 앞서 받아들이고 이를 주도하기도 했다.

조선 후기 경화사족京華士族(한양 근교에 거주한 명문 가문)은 도시에서도 산림에 은거하는 것과 같은 성시산림城市山林을 추구하며 집 주변 경승지나 한적한 곳에 소박한 거처(별서別墅)를 지었다. 효명세자도 궁궐 한복판에 단청을 칠하지 않은 단아하고 소박한 집과 정자를 조성했다.

이곳에서 그는 왕세자라는 무거운 짐을 잠시 내려놓고 고동서화古董書畫(조선 후기 실학의 발전 과정에서 중요한 감상의 대상이 된 골동품·글씨·그림을 통틀어 이르는 말)를 감상하고 시를 창작하는 등 문인으로서 고아한 삶을 영위했다. 산거山居라는 이상도 구현했다. 현재 창덕궁 후원에 자리한 의두합倚斗閤(기오헌 寄傲軒)은 독서인이자 문화인이었던 효명세자의 고아한 취향과 산거의 이상을 잘 보여주는 건물이다.

의두합과 연경당演慶堂을 제외하고 효명세자와 관련된 건물들은 현존하지 않는다. 다행히도 효명세자의 대리청정 시절(1827~1830년)에 제작된 궁궐도의 걸작 〈동궐도 東闕圖〉에 이들 건물의 모습과 이름(당호堂號)이 상세히 담겨 있다. 〈동궐도〉는 창경궁과 창덕궁을 위에서 내려다보듯이 그린 그림이다.

〈동궐도〉 중앙에는 왕세자 효명의 교육과 정치, 생활의 공간인 동궁 권역이 펼쳐져 있다. 공식 집무 공간인 중희당重熙堂 뒤편으로 효명세자의 대표적 처소인 연영합延英閤이 있었다. 대청마루 기둥 사이에는 연영합 편액이, 동서로 천지장남지궁天地長男之宮과 학몽합鶴夢閤 편액이, 서편의 누각에는 오운루五雲樓 편액이 걸려 있다.

건물의 공간 별로 달리 지은 당호들은 효명세자의 다양한 자의식을 보여준다. 천지장남지궁은 '천하의 장남'인 세자가 사는 거처임을 나타낸다. '다섯 가지 구름의 누각'을 뜻하는 오운루는 세자가 거처하는 공간의 상서로움을 강조한다. '학을 꿈꾸는 집'이라는 의미의 학몽합은 궁궐이지만 산속에 은거하고 싶어 하는 세자의 마음을 드러낸다.

효명세자는 학과 돌 같은 자연을 소중히 여겼고, 시 창작의 중요한 소재로 삼았다. 특히, 자신의 호號를 '학석鶴石,' 시집을 『학석집鶴石集』이라 지었다. 학과 돌을 유달리 사랑했음을 알 수 있는 대목이다. 연영합 앞뜰에는 한 쌍의 구리로 만든 학과 괴석이 마주하여 배치되어 있다. 효명세자는 이 한 쌍의 구리 학을 주제로 시를 짓기도 했다.

교묘한 솜씨는 흡사 귀신이 새긴 듯하고
화려한 나비는 등왕滕王(당나라의 이원영李元嬰)의 솜씨처럼
　　신묘하네.
맑기는 마음 깨달은 부처 같고
고요하기는 수행하는 스님 같네.
몸은 푸른 옥탑에 머물러 두고
깃은 구리 철사로 묶어두었네.
산수 사이에 노닒도 헛된 꿈 되었으니
응당 들판의 학들에게 미움을 받고 말리.

대리청정 시절에 효명세자를 가까이에서 보좌한 김정집金鼎集도 세자의 부름을 받고 연영합에 갔을 때 이 학을 감상하고 시를 지었다. 그의 시는 구리 학의 "입적한 승려와 같은 고아한 품위"와 "회화보다도 나은 그림자 형상"을 높이 평가했다.

효명세자는 연영합의 누각에 올라 앞뜰에 세워진 구리학과 괴석을 내려다보며 즐겨 감상한 것으로 보인다. 〈동궐도〉에 '오운루' 편액이 걸려 있는 누각은 한때 '학석루鶴石樓'로 칭해졌다. 효명세자가 쓴 「학석의 작은 모임에 대한 짧은 서문鶴石小會小序」에서 확인할 수 있다.

"거문고와 술동이가 좌석에 널려 있으니, 황홀하게도 난정蘭亭에서 열린 계모임(중국의 서성書聖 왕희지王羲之가 동진東晉 353년 3월 3일 절강성 소흥현 남서에 있는 회계산 아래 곡수曲水 난정에서 명사 42명과 더불어 베푼 시회詩會)과 닮았고, 그림과 책이 시렁에 가득하니 흡사 서원西園의 고상한 모임(1086년 북송 개봉開封에 있었던 왕선의 서원에서 소식, 소철, 황정견, 이공린, 미불 등 16명의 문인 묵객이 가진 문아文雅의 모임)과 같다. 두 마리의 학이 뜨락에서 깃을 너울거리고, 묵은 바위는 우뚝이 방문 앞에 서 있다. 이 누각을 학석이라 이름을 지은 것은 과연 합당하도다."

이 글은 효명세자가 자신을 보좌하는 세자시강원 관원

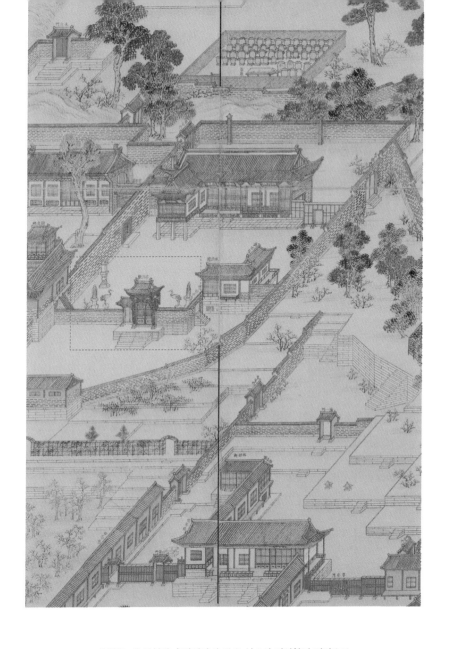

〈동궐도〉에 표현된 효명세자의 주요 처소인 연영합의 전경으로
그 앞뜰에 구리 학과 괴석이 놓여 있다.
(동아대학교박물관 소장)

들과 학석루에서 모임을 갖고 쓴 것이다. 누각에는 거문고와 술동이가 널려 있고 시렁에 그림과 책이 가득하며 창밖의 뜨락에 학 두 마리와 괴석이 서 있는 풍경은 고아하기 그지없다. 연영합을 중국의 선현들이 성대한 풍류 모임을 가졌던 난정과 서원처럼 만들었다.

1830년 5월 효명세자가 갑작스럽게 숨진 직후 창경궁 환경전 근처에서 난 불로 내전 일대가 소실되었다. 주인을 잃은 연영합은 철거되어 영춘헌 등 내전 복구를 위한 자재로 쓰였다. 이때 효명세자가 사랑했던 한 쌍의 구리 학과 괴석도 궁궐의 다른 곳으로 옮겨진 것으로 보인다.

1871년 이유원李裕元이 쓴 『임하필기林下筆記』에서 주합루宙合樓 앞에 있는 구리 학이 효명세자 대리청정 시절에 만든 것으로 기록되어 있다. 그러나 구리 학에 대한 이후의 기록은 찾을 수 없다. 지금은 〈동궐도〉 그림 속에만 전해지는 이 한 쌍의 구리 학이 날개를 펴고 어느 산수 사이에서 노닐고 있는 모습을 상상해볼 뿐이다.

제 2 장

왕과
꽃과
나무

모란이
피기까지

김재은 (국립고궁박물관 학예연구사)

꽃은 고유의 아름다움으로 오랫동안 완상玩賞의 대상이 되어왔으며, 꽃들이 가진 온갖 종류의 형상과 생태적 특성을 사람의 성향이나 덕목에 빗대는 식으로 은유의 대상이 되기도 했다.

해마다 봄이면 어김없이 꽃을 피워내는 모란 역시 독보적인 크기의 꽃송이와 화려하고 풍성한 자태로 인해 부귀를 상징하는 꽃으로 간주되어왔고, 또한 꽃 중의 왕花中王으로 칭송될 정도로 많은 사람의 사랑을 받았다.

모란은 중국이 원산지로, 6세기 무렵 재배 식물로 가꾸기 시작해 당나라 때 크게 유행했다. 우리나라에 전해진 것도 당나라 연간인 신라 진평왕대(579~632년)로 알려져 있다. 모란의 재배와 감상이 가장 성행했던 시기는 고려시대였다.

『고려사』와 『고려사절요』에는 현종이 대궐 안에 직접 모란을 심었다는 기록과 함께 국왕들이 궁궐 안에 핀 모란을 감상하며 시를 짓고, 신하들에게 화답시를 짓게 했다는 기사가 다수 전해져 고려시대의 모란 애호 분위기를 전해준다.

이규보가 지은 「여러 사람이 지은 산호정 모란 시에 차운하다次韻諸君所賦山呼亭牡丹」라는 시에는 "대궐 안 산호정山呼亭에 모란이 한창 피면 이를 읊는 사람이 많아 백 수首에 이른다"라는 구절이 있어 당시 임금과 신하가 함께 모란을 감상하고 여기에 시를 붙이며 즐기던 문화가 성행했음을 알려준다.

고려에서 조선으로 왕조가 바뀌었어도 모란 애호의 풍조는 계속되었다. 태종대에는 광연루廣延樓에서 상왕인 정종을 위해 잔치를 베풀고 함께 모란을 감상하고 격구擊毬하는 것을 구경했다는 기록을 볼 수 있다. 태종대 창덕궁 후원에 건립된 광연루는 외국 사신이 왔을 때 연회를 베풀거나 종친들을 불러 잔치를 열고 함께 활쏘기나 격구를 하는 등 여흥을 위한 공간이었다. 태종은 여기에 연못을 조성한 후 그 안팎에 연꽃과 함께 모란을 길러 감상하며 즐길 수 있도록 했다.

꽃에 취미를 가졌던 연산군은 모란에도 각별한 취향을 보였다. 신하들에게 모란꽃을 내려주고 관련된 시를 지어 바치도록 했으며, 팔도 관찰사에게는 "도내의 모란이 있는 곳에서는 꽃 필 때에 품종이 좋은 것을 가려서 표를 세워두었다가 가을이 되거든 봉진奉進하라"는 명을 내릴 정도였다.

성종도 입직한 당상관과 홍문관, 경연관 신하들로 하여금 모란을 주제로 시를 쓰게 한 일이 있었다. 당시 홍문관 교리였던 김흔金訢의 문집에는 왕이 내린 시제를 받아 쓴 「모란 족자에 붙임題牡丹障子」이라는 시가 수록되어 있어 임금과 신하 간에 모란 그림을 감상하며 시를 지어 함께 즐겼던 모습을 보여준다.

그러나 풍요와 사치보다는 검약을 강조했던 유교 문화 속에서 부귀를 상징하는 모란을 감상하고 즐기는 문화는 권장될 만한 것이 아니었다. 효종대 우의정 이시백李時白의 집에 모란꽃이 활짝 피었다는 소식에 효종이 이를 구하려고 하자, 이시백이 임금을 보필하는 자가 되어 이목을 즐

연산군은 신하들에게 모란꽃을 내려주고 관련된 시를 지어 바치도록 했다.
조선시대의 〈모란도〉 병풍은 장식성이 극대화되어 있고,
화려하면서도 정돈된 형태로 왕실의 권위를 나타낸다.
(국립고궁박물관 소장)

겹게 하는 물건으로 임금을 섬길 수 없다며 그 나무를 베어버렸다는 일화는 모란에 대한 당시의 부정적 인식을 짐작하게 한다.

그렇지만 문양과 도상圖像으로서 모란은 꾸준히 사랑을 받았다. 조선 후기 김수장金壽長의 "모란은 화중왕花中王이요 향일화向日花(해바라기)는 충신忠臣이로다"로 시작하는 시조가 보여주듯이 화중왕, 즉 꽃 중의 왕으로서 모란이라는 상징은 널리 공유되었다. 더 나아가 현실 세계의 지존, 즉 국왕과 왕실을 상징하는 것으로 외연이 확장되었다. 조선시대 국왕과 왕실을 상징하는 도상으로 모란이 사용된 것은 궁중의 '모란병牡丹屛'을 통해 단적으로 확인할 수 있다.

국왕이 자리하는 곳마다 설치되어 왕의 권위를 나타냈던 '일월오봉병日月五峯屛'처럼 〈모란도〉 병풍은 궁궐 내 왕과 왕비의 공간을 장식했고, 궁중에서 행해지는 각종 의례에 두루 사용되며 왕실의 지엄함을 상징했다. 조선 왕실에서 사용했던 〈모란도〉 병풍이 다수 전해지는데, 병풍 속의 모란 그림은 그 모습을 사실적으로 표현하기보다는 정형화된 형태를 취하고 있다.

줄기는 수직축을 이루며 뻗어나갔고, 그 좌우로 꽃송이가 번갈아 배치되었다. 동일한 형태를 매 폭마다 반복적으로 구성해 장식성을 극대화했다. 화려하면서도 정돈된 형태에서 뿜어져 나오는 엄숙한 분위기로 인해 왕실 의례의 위엄과 왕실의 권위는 더욱 강조되었다.

〈모란도〉 병풍은 특히 왕실의 조상을 섬기는 의례에 중요하게 사용되었다. 왕이나 왕비 등이 상을 당하면 우선은 시신을 궁궐 내 빈전에 안치하고, 이후 시신은 능을 마련해 봉안하며, 그 혼을 담은 신주神主는 다시 궁으로 모셔와 궁궐 내 혼전魂殿에 안치해 삼년상을 치르게 된다.

그리고 삼년상을 마치면 신주를 종묘로 옮겨 봉안함으로써 왕업을 돌보는 왕실의 조상신으로 모시게 된다. 이러한 흉례凶禮의 모든 과정과 종묘에서 행하는 친제親祭 의례에서 〈모란도〉 병풍은 필수로 사용되었다. 특히 빈전에 시신을 안치하고 있을 때나 시신을 능에 봉안하는 과정에서 관이 정자각丁字閣과 능상각陵上閣에 잠시 머무를 때면 그 주위에는 반드시 〈모란도〉 병풍을 둘러쳤다.

능에서 돌아와 종묘에 봉안하기 전까지 궁궐 내에서 신주를 모시던 장소인 혼전에는 생전의 국왕의 자리와 마찬가지로 일월오봉병을 세우고, 그 뒤의 북쪽 벽에는 매 칸마다 〈모란도〉 병풍을 설치했다. 시신이나 혼을 담은 신주가 자리하는 곳 어디에나 〈모란도〉 병풍을 설치해 고인의 존재를 상징하는 동시에 그를 시위侍衛하도록 했던

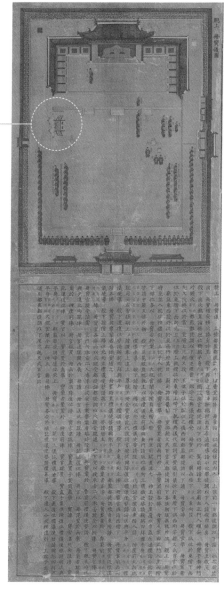

혼전에는 신주를 둘러싸고
일월오봉병을 세우고,
그 뒤의 북쪽 벽에는 매 칸마다
〈모란도〉 병풍을 설치했다.
〈종묘친제규제도설〉 8폭 병풍 중
배안상排案床과 함께 설치된
〈모란도〉 병풍.
(국립고궁박물관 소장)

것이다.

조선시대 왕실이 조상에 대해 지극한 정성을 보인 장소로 역대 국왕의 어진御眞을 봉안하고 제례를 지냈던 진전眞殿을 빼놓을 수 없는데, 여기에도 〈모란도〉 병풍은 어김없이 등장했다. 1776년 영조가 궁궐 내 어진을 봉안한 곳에 들러 수리를 명하면서 "대궐 안에 어진을 봉안하는 어탑御榻 뒤에는 으레 모란도 병풍이 있다"라고 언급했다. 이것으로 보아, 어진 봉안처에 〈모란도〉 병풍을 배설하는 것이 이미 법식으로 자리 잡고 있음을 알 수 있다.

이 전통은 대한제국 때까지 지속되어, 1901년 고종이 태조를 위시한 7대조의 어진을 모사하도록 하고 이를 경운궁(현재의 덕수궁) 내 흥덕전에 임시로 옮겨 모실 때 〈모란도〉 병풍을 배설하도록 한 것을 확인할 수 있다. 1921년 건립된 창덕궁 선원전璿源殿에서는 그 구체적인 모습을 확인할 수 있다. 선원전에는 각 감실마다 어진이 있는 자리를 둘러싸고 〈일월오봉도〉 그림을 삼면에 두르고, 뒤쪽 벽에 모란 그림으로 화려하게 장식했다.

이는 혼전에서 신주를 일월오봉병으로 둘러싸고 뒷벽에 〈모란도〉 병풍을 배설한 것과 동일한 구조다. 감실 입구 기둥과 보 주변에도 모란꽃 모양을 조각해 장식을 더했다. 이처럼 조상을 섬기기 위한 의례와 공간을 모란꽃으로

장식함으로써 왕실의 권위를 드러내는 동시에, 부귀와 풍
요 등 모란의 기복적 의미를 빌려 조상의 가호 속에 왕실
의 번영을 기원하는 마음을 담았던 것이다.

　매해 봄이면 창덕궁이며 덕수궁 등 조선시대 궁궐 곳
곳에는 모란이 화려하게 꽃을 피운다. 그러나 모란꽃 문양
이 고유의 양식으로 왕실을 상징했던 맥락은 흩어지고, 모
란꽃을 완상하며 시를 읊던 풍류도 찾을 수 없다. 새로 맞
이하는 봄에 어김없이 궁궐을 수놓은 모란과 다시 조우하
게 되었을 때, 잠시나마 옛 사람들이 모란을 완상하던 풍
경을 떠올려보면 어떨까?

꽃에서
마음의 위안을
찾다

복잡한 현실 생활에서 떠나 자연과 함께하고 싶은 마음은 예나 지금이나 크게 다르지 않은 것 같다. 그러나 자연 속에 한가로이 머무는 이상적인 생활은 여러 가지 현실적인 문제 때문에 실행해 옮기기가 쉽지 않다. 이를 대신해 사람들은 꽃이나 식물과 같은 대상에 깊은 애정을 담아 정성스럽게 화초를 키우거나, 혹은 공간이 허락된다면 집 한 켠에 작은 정원 등을 만들어놓고 때때로 그 공간에 머물며 자신만의 시간을 갖기도 한다.

• 백인경(국립고궁박물관 학예연구사)

계절이 바뀔 때마다 피어나는 아름다운 꽃과 식물을 바라보면서 우리는 생명의 신비와 함께 마음의 여유로움을 느낀다. 꽃을 직접 키우지 않더라도 누군가에게 아름다운 꽃다발을 선물하거나 받는 것 또한 우리 마음에 기쁨과 위안을 주는 의미 있는 일이다.

조선의 왕 중에서도 유달리 꽃을 아끼고 사랑한 왕이 있었으니 바로 태조와 세조와 연산군이다. 역사 속에서 잔혹한 모습을 보여주었던 이 왕들이 꽃을 가꾸고 감상하고 때로는 누군가에게 선물하는 취미를 가지고 있었다는 것은 참으로 아이러니한 일이다. 하지만 어쩌면 그 누구보다도 그들에게 식물을 통한 마음의 위안과 치유가 필요했던 것은 아닐까?

꽃에 대한 태조의 관심은 조선 건국 초기 『태조실록』의 기록에서 종종 확인할 수 있다. 『태조실록』에는 그가 화원花園을 수리하게 했다는 기록이 여러 번 보이는데, 1393년 6월 3일과 7일 기사에 다음과 같은 일화가 남아 있다.

"임금이 화원에 거둥하여 환관 김사행金師幸에게 명하여 팔각전八角殿을 수리하게 하였다.……좌산기상시左散騎常侍 안경검安景儉 등이 화원의 역사役事를 그만두기를 청하니, 임금이 말하기를, '간관諫官이 나라 임금에게 밭을 궁문宮門 밖에 내어놓지 못하게 하려는 것인가? 이 화원은 고려 왕조에서 만든 것인데, 그대로 깨끗이 소제하여 유람遊覽에 대비하는 것이 유독 옳지 못한 일인가?' 하면서, 좌습유左拾遺 왕비王伾를 불러 명하였다. '이제부터는 종사宗社의 안위安危에 관계된 것이 아니면 마땅히 계문啓聞하지 마라.'"

태조는 자신의 취미인 꽃과 식물 가꾸기에 대해 신하들이 간섭하는 것에 대한 언짢음을 표현함과 동시에 더는 자신의 취미에 간섭하지 말라고 명했다. 그는 화원을 수리해놓고 시간이 허락할 때마다 그곳을 찾아가 자신만의 시간을 보냈다.

『태종실록』에서도 태조의 꽃 사랑을 엿볼 수 있다. 1406년 태종이 종묘에 제사 지내고 덕수궁에 나아가 문안하고, 매화 한 화분을 올리고 당시 태상왕이었던 태조에게 헌수獻壽했는데, 이것으로 인해 즐기기를 다했다고 했다. 태종이 태조의 취향을 고려해 매화 분재 화분을 선물한 것인데, 이 기록에서도 태조가 꽃을 어느 정도로 아꼈는지 추측해볼 수 있다.

그러나 조선은 성리학적 유교 이념을 바탕으로 세워진 국가였다. 왕도정치를 수행해 백성들의 안위에 몰두해야 하는 국왕에게 꽃 감상이라는 취미는 바람직한 것이 아니

태조는 꽃과 식물 가꾸기에 대해 신하들이 간섭하는 것을 언짢게 생각했다.
조선 후기 화가 신명연申命衍이 그린 〈국화〉.
(국립중앙박물관 소장)

었다.

조선 건국 초 사헌부에서 태조에게 올린 상소문 중에
는 화초를 완상하는 것은 사냥하고 개와 말을 기르는 것과
더불어 사람의 인성을 해치고, 방탕하게 하는 것이니 삼가
라는 내용이 담겨 있다. 이 상소문은 태조가 화원을 지속
적으로 수리하고 가꾸었던 즈음에 나온 것이지만 그의 꽃
사랑은 막을 수가 없었던 것으로 보인다.

조선 초기에 궁궐의 꽃과 나무를 관리하고, 제철 꽃들
을 여러 전각에 봉헌하는 임무를 맡았던 곳은 상림원이었
는데, 1466년 1월 15일 장원서로 명칭이 바뀌었다. 장원
서는 궁궐의 일상생활에 필요한 과일과 화초의 공급을 담
당했던 기관이다.

세조는 직접 꽃을 가꾸는 것보다는 종종 신하들에게
꽃과 함께 술 등을 하사해 꽃을 바라보는 즐거움을 함께
나누고자 했다. 『세조실록』 1460년 윤11월 12일에는 다
음과 같은 내용이 기록되어 있다.

"척촉화躑躅花 두 분盆, 어사화御賜花·매화나무·대나무
각 한 분을 승정원에 내려주었는데, 또 주육酒肉을 내려주
고 전지傳旨하기를, '이 꽃이 때 아닌 때 피어서 구경할 만
하다' 하였다."

세조는 때 아닌 때 핀 철쭉(척촉화)을 신기하게 여겼던

것 같다. 당시에 어떻게 봄에 피는 꽃을 겨울에 볼 수 있었을까? 이는 다름 아닌 온실 덕분이었던 것으로 보인다. 기록에 '토실土室' 또는 '토우土宇'라고 표현된 이 용어는 바로 지금의 온실과 같은 기능을 했던 공간이다. 온실은 이미 고려시대부터 화초 완상의 취미가 있는 일부 계층에서는 널리 사용되었음을 이규보의 시에서 알 수 있다.

기이한 꽃이 어쩌다 겨울에도 피어나니
왕후장상의 저택에는 이런 일이 더욱 많다네.
옥으로 된 화분에 심어서 움집土室에 갈무리하여
깊디깊은 규방의 처녀처럼 보호한다네.

조선 초기 온실의 모습은 강희안姜希顔의 『양화소록養花小錄』에 구체적으로 설명되어 있다. "대개 움집土宇을 만들 때 볕이 잘 드는 높고 건조한 땅을 가려 짓는다.……움집에 들여놓을 때에는 또한 너무 빨리해서는 안 된다. 반드시 서리를 두세 차례 맞게 한 후에 들여놓아야 좋다."
『양화소록』에는 이 외에도 꽃을 빨리 피우는 법, 화분에서 꽃과 나무를 키우는 법 등에 대해서도 구체적으로 기술되어 있어 당시 화초 재배 기술이 이미 일정 수준 이상 발달했음을 알 수 있다.

조선의 왕 중 꽃 가꾸는 취미와 관련해 가장 많은 기록을 남긴 왕은 연산군이다. 그와 관련해『연산군일기』에 보이는 꽃은 연꽃, 작약, 들국화, 모란, 영산홍, 해바라기 등 종류도 참으로 다양하며, 연산군은 각 꽃의 생태에 대해서도 잘 알고 있을 정도로 꽃 가꾸기에 조예가 깊었던 것 같다. 집권 중기인 1501년까지만 해도 꽃에 대한 그의 취미는 격무에 지친 신하들에게 제철 꽃과 술 등을 선물함으로써 신하들을 격려하고 그들과 소통하고자 하는 등 긍정적으로 작용했다. 그해 8월 21일 기사를 보자.

"산국화 화분 하나를 승정원에 내리고 이어 선온宣醞(임금이 신하에게 내리는 술)을 내려주면서 어서御書하였다. '가을바람은 곳곳마다 맑은데 황국의 향기 뜰에 가득하여라. 적막한 승정원 안에는 내려준 술잔에 그 꽃이 뜨리.'"

그러나 재위 말기로 갈수록 꽃을 가꾸고 감상하는 그의 취미는 취미의 수준을 넘어 각종 신기하고 품질 좋은 꽃을 수집해 많이 소유하고자 하는 병적인 집착으로 변질되었다. 이를 극단적으로 보여주는 사례가 1505년 1월 26일에 "영산홍 1만 그루를 후원에 심으라"는 명이다.

영산홍은 만개할 때 봄에 피는 다른 어떤 꽃들과도 비교할 수 없을 정도의 화려함을 뽐내는데, 바로 이러한 점 때문에 연산군이 영산홍에 매혹된 것이 아닌가 싶다. 다음

연산군은 연꽃, 작약, 들국화, 모란, 영산홍, 해바라기 등을
키울 정도로 꽃 가꾸기에 조예가 깊었다.
매화, 모란, 복숭아꽃 등을 그려 장식한 〈화훼도〉 병풍.
(국립고궁박물관 소장)

해에는 영산홍을 잘 키울 것을 명하면서 재배한 영산홍 숫자를 확인하게 하는 등 취미라고 하기에는 지나칠 정도로 집착하는 모습을 보였다.

그뿐만 아니라 4월 25일에는 팔도 관찰사에게 품질 좋은 모란을 비롯하여 각종 화초를 봉진하게 하라는 명을 내리기도 하고, 장원서 노비에게 편을 나누어 진귀한 화초를 찾아오라고 명하기도 했다. 도성 안 민가에 기이한 화초가 있으면 장원서 노비가 가서 뿌리째 뽑아오는 일이 비일비재하자 당시 도성 안 민가에서는 장원서 노비들을 고관 대하듯이 했다고 한다. 재위 마지막 해였던 1506년에는 각종 화초를 심기 위해 궁궐 근처에 있던 장의사藏義寺라는 사찰을 철거하고 넓은 화단을 조성하기도 했다.

무엇이든지 너무 지나치면 모자람만 못하다고 했다. 이는 태조대에 상소문을 올렸던 사헌부 관리들이 우려했던 상황으로, 왕이 어느 한 가지에 지나치게 몰두할 경우 그 폐단이 어느 지경에 이르게 되는지를 연산군의 사례에서 잘 보여주는 것이라고 할 수 있다.

강희안은 꽃을 기르는 일은 '완물상지玩物喪志(많이 알기만 하는 것은 장난감을 가지고 놀면서 본심을 잃는 것과 같다)'가 아니라 '관물찰리觀物察理(사물에 깃든 이치를 살핀다)'라고 했다. 꽃과 나무를 기르면서 그 이치를 살피고 이로써 마음을 수양한다는 의미다. 연산군이 '관물찰리'의 자세로 꽃을 대했다면 그의 말로가 조금은 달라지지 않았을까 하는 안타까움이 남는다.

식물에는 사람의 마음을 치유하는 힘이 있다. 바로 이런 점 때문에 마음의 위안과 더불어 정서적으로 여유가 필요했던 조선의 왕들이 꽃과 식물을 가꾸는 취미에 매료되었던 것은 아닐까?

달콤한
홍시의
맛

"홍시입니다.……예? 저는, 제 입에서, 고기를 씹을 때 홍시 맛이 났는데 어찌 홍시라 생각했느냐 하시면 그냥 홍시 맛이 나서 홍시라 생각한 것이온데…….."

이 대사는 전 세계에 한류 돌풍을 일으키는 데 크게 기여한 드라마 〈대장금〉(2003년)에서 정 상궁이 수라간 최고 상궁으로 온 날 어린 장금을 만나는 장면에 등장하는 것으로, 드라마를 시청하지 않은 사람도 모두 알 정도로 유명하다.

● 최나래(국립고궁박물관 학예연구사)

어린 장금의 절대 미각을 보여주는 이 대사 뒤에 홍시의 효능에 대한 정 상궁의 대사가 이어진다. 정 상궁은 홍시는 환절기에 고뿔(감기)을 예방하는 데 좋고, 숙취에 그만인데 어제 전하께서 술을 드셨길래 조금 넣었다고 설명한다.

여기에서 말하는 홍시는 연시다. 홍시는 붉은 색깔에서 유래된 이름이고, 연시는 질감이 말랑말랑하고 부드럽기 때문에 붙여진 이름이다. 감은 나무에 달린 채로 떫은맛이 사라지면 단감이고, 그렇지 않으면 떫은 감이 된다. 단감은 그냥 먹어도 되지만, 떫은 감은 타닌tannin이 있어맛이 쓰다.『본초강목』에 따르면 복통을 일으킬 수도 있으므로 그냥 먹기는 어렵다.

그래서 껍질을 벗겨 말려 곶감을 만들거나, 항아리에짚을 깔아 익혀 말랑한 홍시를 만들어 먹었으며, 인위적으로 쓴맛을 제거하기도 했다.『오주연문장전산고五洲衍文長箋散稿』에서는 석회수 혹은 메밀짚을 태운 재 가루를 물에희석해 걸러낸 즙에 떫은 감을 2~3일간 담가두라고 했다.『시의전서是議全書』에서는 감을 항아리에 넣고 감잎을 위에 많이 덮은 다음 따뜻한 물을 붓고 항아리를 이불로 싸서 두라고 했는데 이렇게 하면 쓴맛이 사라진다.

감나무가 언제부터 우리나라에서 자라나게 되었는지

는 정확하게 알 수 없다. 다만 『고려사』에 1313년 승려 효가曉可가 감을 먹었다는 기록이 실린 것으로 보아 그전부터 재배한 것 같다. 그러나 감은 따뜻한 지방의 양지에서 잘 자라기 때문에 북부 지방을 포함해 전국적으로 재배하지는 못했을 것으로 생각된다.

그래서일까? 추운 지방에서 태어나 자란 태종 이방원은 감나무를 신기해하고 좋아했던 것 같다. 태종은 1367년 북쪽의 함흥부 귀주에 있는 이성계의 사저에서 태어났다. 조선 초기 학자 성현成俔이 지은 『용재총화慵齋叢話』에 태종이 얼마나 감나무를 좋아했는지 알 수 있는 내용이 실려 있는데 그 내용은 다음과 같다.

태종이 궁중에 감나무를 심고 그 열매를 감상했는데, 새가 항상 쪼아 먹는 게 못마땅했다. 그래서 활을 잘 쏘는 사람을 구해 새를 쏘도록 했다. 이때 좌우에서 말하기를 "조정에 있는 무사武士로 합당한 자가 없는데, 오직 세자라면 할 수 있을 것입니다"라고 했다. 태종이 세자에게 명해 쏘도록 하니 계속 잘 맞혀, 좌우에서 모두 경하하고 태종도 세자의 행실을 늘 미워해 오래 보지 않다가 이날 비로소 흐뭇해하며 웃었다고 한다.

태종의 장자인 양녕대군은 11세 때인 1404년 다음 왕위를 이을 세자로 책봉되었으나, 유교적 교육과 엄격한 궁

감나무는 재질이 고르고 단단한 편이라
가구나 소품을 만드는 데에도 많이 쓰인다.
감나무의 타닌은 시간이 지나면 나무 속에 침착沈着되어
검은 무늬를 남긴다. 먹감나무 이층장과 홍시를 담았던 생갑.
(국립민속박물관·국립고궁박물관 소장)

중 법도 등을 견디지 못했다. 그리고 사냥을 일삼으며 여색을 탐해 아버지인 태종과 갈등 관계에 있었다. 아버지가 좋아하는 감나무에 생긴 문제를 아들이 해결한 덕분에 이러한 부자 사이의 반목이 풀어지게 된 것이다. 하지만 감나무만으로는 부자 관계가 완전히 회복되기는 어려웠던 것 같다. 훗날 양녕대군은 폐세자되고 셋째 아들인 충녕대군이 세자로 책봉되었던 것을 보면 말이다.

추운 지역 사람들이 감을 좋아했던 것은 우리나라뿐만이 아니었다. 지금의 중국 동북 지역에서 일어난 후금에서도 그러했다. 『인조실록』 1628년 1월 6일과 1635년 11월 4일의 기사를 보면 호차胡差(오랑캐 사신)들이 누차 홍시를 요구했다는 내용이 보이는데, 해마다 홍시를 3만 개나 요구할 정도였다고 한다.

감나무가 자라기 어려운 추운 지역에 살면서 달콤한 홍시의 맛을 한 번 본 사람은 그 맛을 잊지 못했을 것이다. 물렁물렁한 홍시를 어떻게 포장해 그 먼 길을 운반했는지 모르겠지만 조선에서는 이후에도 사신을 통해 홍시를 계속 보내주었다.

이렇게 많은 양의 홍시를 보내주는 것이 가능했던 것은 고욤나무와의 접목을 통해 수확량을 확보했기 때문이다. 고욤나무는 추위에 강하며 열매가 많이 맺히지만 그

크기가 작아 먹기에 어려움이 있고, 감나무는 추위에 약하며 열매를 많이 맺지는 못하지만 과육이 크다. 그러므로 두 나무의 장단점을 잘 살려 접목했을 경우, 추위에도 잘 견디고 큰 과육의 열매도 충분히 얻을 수 있다.

『조선왕조실록』에서 찾을 수 있는 가장 오래된 접목은 1412년 2월 18일의 배나무 접목이지만, 실제 남아 있는 것 중 가장 오래된 접목은 경북 상주시 외남면 소은리에 있는 감나무 접목이다. 성종 때 접목한 것으로 추정되는 이 감나무는 고욤나무와 접목했으며 지금도 많은 양의 감을 맺고 있다. 그러나 태종이 궁중에 심고 감상한 감나무가 고욤나무와 접목한 것인지는 알 수 없다. 『용재총화』의 기록은 태종과 양녕대군의 갈등이 심해지기 이전으로 추정되기 때문이다.

조선 왕실에서는 감을 다양한 용도로 사용했다. 왕실에서는 계절에 맞춰 나는 과일이나 곡식을 조상의 혼에게 올렸는데, 이를 천신薦新이라고 한다. 감나무는 보통 5월 무렵 황백색으로 꽃이 피며 6월 무렵 열매가 달리기 시작해 8월 무렵부터는 붉게 익어가는데 『종묘의궤』에 보면 8월에는 홍시를, 10월에는 건시(곶감)를 올리도록 되어 있다.

그뿐만 아니라 감은 왕실에서 일상식이나 행사 음식에도 빠지지 않고 등장했는데, 기본적으로 단맛을 가지고

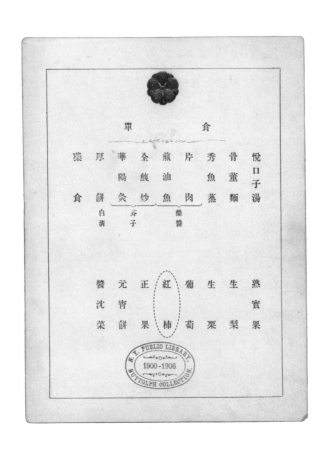

1905년 9월 20일 미국 대통령 프랭클린 루스벨트의 딸 앨리스 일행이
방한해 고종 황제를 폐현하고 참석한 오찬의 식단이다.
홍시는 단맛을 가지고 있어 후식에 사용되었다.
(미국 뉴욕공공도서관 소장)

있었기 때문에 주식보다는 후식에 사용되었다. 홍시나 준시(곶감과 달리 꼬챙이에 꿰지 않고 납작하게 눌러 말린 감)처럼 열매 그대로 올려지기도 하고, 잡과병雜果餠 같은 병과의 재료로 들어가기도 하고, 수정과 같은 음청류에 사용되기도 했다.

감은 곶감으로 만들어두면 오랫동안 저장할 수 있어서 많은 사람의 사랑을 받았다. 특히 약용으로도 쓸 수 있어 더욱 그러했다. 『동의보감』에 따르면 곶감은 몸의 허함을 보하고 위장을 든든하게 하여 체한 것을 없애준다고 했다. 또 곶감이 마르는 과정에서 물기가 빠져나가며 단맛이 농축되어 표면에 남게 되는 과당이나 포도당의 하얀 결정체는 기침을 진정시키고 담痰을 제거하는 데 효과적이었다.

홍시는 갈증을 멈추게 하며 식욕이 나게 하고 술독과 열독을 풀어준다고도 했다. 민간에서는 고혈압을 치료하는 데 사용했으며 감이 설사를 멎게 한다고도 알려져 있는데, 이는 타닌이 강한 수렴收斂 작용을 하여 장의 점막을 수축시켜 설사를 멈추게 하는 것이다.

그러나 아무리 맛 좋고 건강에도 좋은 감이라 할지라도, 다른 음식과 함께 먹을 때는 조심해야 한다. 『의방유취醫方類聚』에 따르면 술과 같이 먹을 경우 피를 토하게 만들기 때문에 안 된다고 기록되어 있다. 『본초강목』에 따르면

게와 함께 먹을 경우 복통이 일어나고 설사를 한다고 기록되어 있다. 감과 게가 모두 찬 음식이어서 그런 것인데, 이 때문에 경종에게 게장과 생감을 같이 먹으라고 권유한 사람이 이복동생 영조였다는 소문이 돌아 결국 영조가 경종을 독살했다는 이야기까지 나오게 된 것이다.

왜 문종은
앵두나무를 심고,
세종은 앵두를
즐겨 먹었을까?

최나래(국립고궁박물관 학예연구사)

백옥반白玉盤 가운데 앵두를 가득 담아 근시近侍에게 올리노니
황금 술잔 속에 좋은 술 가득 따라 사신에게 권합니다.
앵두는 불같이 붉고
버들은 연기처럼 푸릅니다.

이 시는 1470년 5월, 6개월 전 세상을 떠난 예종의 고
명誥命(중국 황제가 조선 왕의 즉위를 승인한 문서)과 제문祭文
(중국 황제가 조선 왕의 승하를 애도하며 시호를 내려주는 문서)

을 가지고 온 명나라 사신 강호姜浩와 조선의 통사通事 김맹경金孟敬이 서로 화답하며 지은 것이다.

앵두를 본 강호가 김맹경에게 더불어 대구對句하자고 청했는데, 김맹경이 글을 잘 모른다며 거절하다가 강호가 먼저 시를 읊으니 김맹경이 답했다. 강호는 술을 잘 마셔 조선 사람 중에서 대작할 이가 없을 정도였던 것으로 전해진다. 아마도 김맹경과 함께 있던 자리에서 술을 마시고 흥이 올라 앵두를 보고 시를 짓자고 한 것 같다. 5월이면 앵두가 한창일 테고, 앵두는 중국 화북華北 지방이 원산지이므로 아마도 익숙했을 것이다.

성종 때 간행된 『동문선』에는 통일신라시대의 문장가 최치원崔致遠이 당나라 관리에게서 앵두를 선물로 받고 그에 대해 올리는 감사의 글인 「사앵도장謝櫻桃狀」이 실려 있다. 다만 앵두가 우리나라에 언제 처음 심어졌는지는 정확하게 알 수 없다.

앵두는 꾀꼬리가 먹으며 생김새가 복숭아와 비슷하기 때문에 앵도櫻桃라고 부른 데서 그 이름이 유래되었으며, 함도含桃·차하리車下梨·천금千金·애밀崖蜜이라고도 부른다. 봄이면 잎보다 먼저 옅은 분홍색을 띠는 흰색 꽃이 피고, 초여름에 손톱만 한 붉은 열매가 익는다. 허균許筠의 『도문대작屠門大嚼』에 영동 지방에서는 하얀 열매가 맺기

앵두는 과일 중에서 가장 먼저 익었기 때문에
조선 왕실에서는 종묘에 올리기도 했다.
경복궁 영제교의 앵두나무와 앵두나 살구 등을 담았던 변.
(국립고궁박물관 소장)

도 한다고 기록되어 있다.

앵두는 당시 흔히 보이는 과일 중 가장 먼저 익었기 때문에 왕실에서는 종묘에 올리기도 했다. 조상의 혼에게 올리는 의식인 천신에도 올렸는데,『세종실록』「오례五禮」나 『종묘의궤』에 보면 앵두는 5월에 살구와 더불어 변籩이라는 제기에 담아 올렸음을 알 수 있다. 변은 물기가 없는 마른 제수祭需를 올릴 때 사용하고, 대나무를 잘게 쪼개 엮어 장구형杖鼓形으로 만들었다.

앵두나무는 햇빛만 잘 받으면 특별히 가리는 토양 없이 잘 자라므로 배수가 잘되는 곳에 심는다. 그래서 예전에는 우물가에 많이 심었다. 지금도 궁궐에 가보면, 금천禁川(궁궐 정문 안에 흐르는 명당수) 주변에 앵두나무가 많이 심어져 있는 것을 볼 수 있다. 조선의 임금 중 이 앵두나무를 직접 심은 사람이 있으니, 바로 세종의 아들 문종이다.

문종이 앵두나무를 직접 심었다는 내용은 성현이 지은 『용재총화』에 실려 있다. 세종이 일찍이 앵두를 좋아해 문종이 세자 시절 손수 앵두나무를 심어 지금의 궁궐 안에 앵두나무가 가득했다는 것이다. 또한『문종실록』(1452년 5월 14일)과 『중종실록』(1510년 3월 17일)에 보면 문종이 궁궐 후원에 앵두나무를 심은 뒤 손수 물을 주고 길러 익기를 기다려 열매를 올리니, 세종이 이를 맛보고 밖에서 올린 것과 세자가 직접 심은 것은 같을 수 없다고 기뻐했다는 내용도 실려 있다. 왜 문종은 직접 앵두나무를 심고 가꾼 것일까? 이는 세종의 질병과 관련이 있는 것으로 보인다.

세종은 춥고 더운 날이라도 밤을 새워 글을 읽는다며 아버지 태종이 칭찬할 정도로 학문을 게을리하지 않았다. 나랏일도 마찬가지로 열심이어서 훈민정음 창제, 국가 의례 정비, 4군 6진 개척 등 굵직굵직한 주요 업적을 이루어 냈다. 그러나 공부벌레이자 일중독자였던 세종은 과중한 업무와 운동 부족, 만성피로와 스트레스로 몸에 병을 줄줄이 달고 살았다.

세종의 나이 43세 때인 1439년 6월, 그가 몸이 좋지 않아 강무講武를 세자에게 위임할 것을 대신들과 논의한 내용을 보면 세종의 건강 상태를 짐작할 수 있다. 세종은 젊어서부터 한쪽 다리가 10년 정도 아팠고, 등의 부종浮腫 탓에 잘 돌아눕지도 못했다. 또한 소갈증을 앓게 된 지 열서너 해가 되었고 그로 인해 눈이 아파 사람이 있는 것만 알 뿐 누구인지 분간하지 못하는 지경이었다.

소갈증은 오늘날의 당뇨병으로, 여러 합병증이 동반되는 질환이며 목이 타는 듯 마르는 증세가 나타난다. 세종은 소갈증을 앓아 하루에 마시는 물이 한 동이가 넘었는데, 이러한 세종의 증상에 제격인 과일이 바로 앵두다. 갈증은 화와 열을 다스려야 해소가 되는데 앵두가 적격이다.

주성분이 포도당과 과당이며 사과산 같은 유기산이 많이 함유되어 혈액순환을 촉진하고 수분대사를 활발하게 하는 덕이다. 그래서 『동의보감』에는 앵두가 폐 기능을 도와 호흡을 편하게 해주고 소화 기능을 도와 혈색을 좋게 한다고 쓰여 있다. 게다가 피로 해소에도 효과가 있으니, 소갈증 환자였던 세종에게 앵두는 안성맞춤인 과일이었다.

앵두는 단오 즈음에 익기 때문에, 단오 때 절기 음식으로도 많이 먹었다. 앵두화채나 앵두수정과 같은 음료로 즐기기도 했지만, 알이 작고 씨가 커서 과육이 별로 없기 때문에 앵두편으로 주로 만들어 먹었다.

앵두편을 만드는 방법은 크게 두 가지가 있다. 첫째는 장계향張桂香의 『음식디미방飮食知味方』에 나오는 방법으로 씨를 발라 살짝 데친 앵두를 체에 걸러 꿀을 붓고 졸여 엉기게 하는 것으로 설탕을 넣어 조린 서양의 잼과 비슷하다. 둘째는 빙허각憑虛閣 이씨李氏의 『규합총서閨閣叢書』에 나오는 방법으로 꿀 대신 녹말을 풀고 되게 졸여서 엉기게 하는 것으로 동물의 껍질에서 얻은 젤라틴을 넣어 굳힌 서양의 젤리와 비슷하다.

어젹 일긔

우젹

뉵젹

간젹 일긔

각식 싱치

젼태슈

홍합탕 일긔

양탕 일긔

잡탕 일긔

듀목식혜 일긔

성학만두 일긔

목면 일긔

툐쟝 일긔

잉도병 일긔

유쥬병

성니

듄시 일긔

성뉴 일긔

성과표 일긔

각식 졍과 일긔

두퉁슈

잡과 쥬두젼 등병 일긔

잡과 포두 등병

잡과 신감쳐 등병

며죠 박병

쳥에슈 박병

잡과병

셕산병 일긔

순조 비 순원왕후가 막내 딸 덕온공주가 죽은 다음 해인
1845년 2월 망전望奠에 보낸 음식 목록이다.
망전은 죽은 이를 위해 매달 음력 보름 아침에 지내는 의식을 말하는데,
앵두편(앵두병)이 올려졌음을 알 수 있다.
(국립한글박물관 소장)

이렇듯 과즙에 꿀이나 녹말을 넣고 졸여 굳힌 음식을 과편果片이라고 하는데 궁중에서는 병餅이라 불렀다. 과편은 당분과 펙틴, 유기산이 들어 있는 과일로 만들어야 하며 새콤달콤한 맛이 난다. 또한 색이 아름다워 궁중 잔치에 행사용 음식으로 사용하거나 후식으로 애용되었다.

특히 여름에는 생과일이나 열매에 꿀을 넣고 조린 정과正果를 만들면 눅으므로 과편을 더 많이 만들어 썼다. 『일성록日省錄』에 보이는 1796년 6월 18일 정조가 혜경궁 홍씨에게 직접 표리表裏(옷의 겉감과 안감)를 올리고 진찬進饌을 행할 때 앵두편을 바친 내용은 이를 잘 보여주는 예다.

유기산이 들어 있어 신진대사를 도와주고 펙틴이 들어 있어 장 건강도 도우며 칼슘이 들어 있어 스트레스 해소에도 도움을 주는 앵두를 편으로 만들어 먹으면 색도 예뻐 보기 좋고 먹기도 편했을 것이다. 앵두 덕분이었을까? 세종은 54세의 나이로 여덟째 아들 영응대군의 집에서 승하했는데, 조선의 왕 27명의 평균 수명이 45세임을 감안한다면 비교적 오래 산 셈이다. 그러나 욕심은 금물이다. 앵두는 화성火性을 가지고 있기 때문에 너무 많이 먹으면 탈이 나기 쉽다.

순무로
답답한 속을
달래다

최나래(국립고궁박물관 학예연구사)

술이 오고 물고기도 익었으며 순무도 맛이 딱 들었다.
정결한 다섯 가지 과일을 꼭꼭 씹어 먹으면
백발이 머리로 올라오지 않을 것이라네.

이 글은 춘곡春谷 고희동高義東과 면소苆巢 이도영李道榮이
함께 그린 부채 거죽扇面 형태의 〈기명절지器皿折枝〉에 스승
인 심전心田 안중식安中植이 남긴 발문跋文이다. 〈기명절지〉
는 귀한 여러 옛 그릇과 꺾은 화초의 가지 등을 그린 그림

으로 과일이나 채소 등이 함께 곁들여 그려지기도 한다.

이 작품은 화풍으로 보아 수박 등이 표현된 화면 좌측은 고희동이, 순무 등이 표현된 화면 우측은 이도영이 그린 것으로 보인다. 이 작품을 받은 사람의 이름은 지워져 정확히 알 수 없지만, 안중식은 그 사람의 요구에 따라 화면에 표현된 물고기와 순무 등을 활용해 글을 적었다고 했다.

고희동의 그림과 이도영의 그림 사이에 고희동이 쓴 글이 남겨져 있는데, 이에 따르면 이 작품은 1915년(을묘년) 5월(포월蒲月)에 그려졌음을 알 수 있다. 그렇지만 그려진 소재나 안중식의 발문 등을 통해서 볼 때 이 작품에서 느껴지는 전반적인 분위기는 가을이다. '순무도 맛이 딱 들었다'는 표현 때문에 더욱 그러한데, 대개 순무가 익는 때는 9~10월 무렵이다.

원산지가 유럽(혹은 중앙아시아)인 순무는 중국을 통해 우리나라에 전래된 것으로 알려져 있다. 그러나 순무가 언제 처음 들어왔는지 정확히 알 수는 없다. 다만, 이규보의 『동국이상국집』에 실린 「텃밭에서 가꾼 여섯 가지 채소를 읊다家圃六詠」라는 시에 '순무로 담근 장아찌'에 대한 내용이 나오는 것으로 보아 그전부터 우리나라에서 재배된 것 같다.

고희동과 이도영이 함께 그린 〈기명절지〉는
비단에 엷은 채색으로 그려졌다.
A 부분은 안중식이 남긴 발문이고, B 부분은 고희동의 글이다.
(국립중앙박물관 소장)

순무는 무보다 오랜 역사를 가진 채소로 뿌리가 통통하며 둥글거나 길다. 만청蔓菁이라고도 부르는데, 중국 오대五代의 구광정丘光庭이 지은 『겸명서兼明書』에 보면 "북쪽 땅에서 나는 것을 만청이라고 하고 강남에서 나는 것을 배추라고 한다"라고 했다. 이는 차가운 성질의 순무가 따뜻한 지방에서 자라면 뿌리가 크지 않고 배추 뿌리와 비슷해지기 때문이다. 또한 제갈량이 병사들에게 순무를 심게 하여 양식으로 보급했다고 해서 제갈채諸葛菜라는 이름으로 불리기도 한다.

『제민요술』과 『본초강목』에 따르면 순무를 심을 때는 무너진 담 터를 이용하는 것이 좋다고 했다. 그러나 이런 땅은 많을 수 없으니, 건조한 땅에 모래를 가져다 두텁게 북돋아 이랑을 만들어 심는 경우가 많다. 습한 곳에 심으면 땅이 단단해 순무가 시들기 때문이다.

이렇게 재배된 순무는 봄에는 싹을, 여름에는 잎을, 가을에는 줄기를, 겨울에는 뿌리를 먹을 수 있어 흉년을 이겨내는 구황작물로 적당하다. 세종 때인 1436년에는 어명으로 수령들에게 순무 재배를 적극 권장하도록 했을 정도였다.

주로 순무는 그늘지고 바람이 시원한 곳에 매달아서 말리거나 소금에 절여 오래 두고 먹을 수 있도록 했는데,

조선의 왕비 중 이런 순무를 탕으로 즐긴 분이 있으니 바로 성종 비 정현왕후다. 보통 우리에게 자순대비로 알려져 있는, 중종대를 배경으로 한 드라마 〈여인천하〉(2001년)에서 경빈 박씨를 죽이라고 청을 올리는 신하들의 선두에 서서 중종을 압박하던 대비마마, 드라마 〈대장금〉에서 최상궁이 모시고 있던 대비마마가 바로 정현왕후다.

정현왕후는 1473년 성종의 후궁으로 궁에 들어와 숙의에 봉해졌고, 연산군의 생모인 윤씨가 폐위되자 이듬해인 1480년 성종의 세 번째 왕비에 봉해졌다. 1488년에는 후일 중종이 되는 진성대군을 낳았으며, 1530년 69세로 경복궁 동궁 정침正寢에서 승하했다.

역사의 기록에 정현왕후가 많이 등장하지는 않지만, 『중종실록』에 따르면 정현왕후는 생전에 자신의 일생에 대해 언문으로 기록해두었다고 한다. 정현왕후가 승하한 이후 국상을 치르면서 죽은 사람의 성명, 생년월일, 무덤 소재지 등을 기록한 지문誌文을 짓는 과정에서 이와 관련된 내용이 언급된다. 중종이 정현왕후가 남긴 언문을 보고 간략히 적어 예조에 내린 비망기의 내용은 다음과 같다.

정현왕후는 아버지 윤호尹壕가 신창 현감으로 있을 때인 1462년 6월 25일에 고을 관아에서 태어나 신창현의 창昌을 가지고 '창년昌年'이라 이름했다고 하며, 12세에 숙의로 뽑혀 궁에 들어와 정희왕후(세조의 비)와 소혜왕후(인수대비)의 총애를 받았다고 한다. 성종이 승하했을 때 너무 애통해하여 위독한 지경에 이르렀다가 소혜왕후가 돌봐주었다고 하며, 소혜왕후가 승하한 뒤 연산군이 삼년상의 기간이 길어 불편하다고 억지로 기간을 단축한 단상短喪으로 처리하자 이를 끝까지 애통해했다고 한다.

자신의 이름 '창년'의 유래라든지, 소혜왕후와의 관계, 상을 제대로 처리하지 못한 미안한 마음이 담겨 있었다는 점에서 중종이나 다른 사람들이 정현왕후를 칭송하기 위해 지은 글이 아니라 정현왕후가 생전에 남겨둔 일생에 대한 회고 중 일부분임이 분명하다.

어머니에 대한 중종의 효성도 지극해서 정현왕후의 상을 정희왕후의 상에 준해서 치르고자 했다. 정희왕후는 성종이 즉위한 직후 수렴청정을 했기 때문에 정희왕후의 상을 왕비지만 왕에 준해 치른 전례가 있었다. 이에 중종은 이 전례에 따라 정현왕후의 상도 정희왕후의 상과 격을 맞추고자 했다. 수렴청정을 하지 않은 정현왕후지만 어머니를 위하는 아들 중종의 효성으로 수렴청정을 한 정희왕후처럼 상을 치르게 된 것이다.

이러한 중종의 효성과 당시 사관의 기록으로 『중종실록』에는 특이한 기사가 하나 더 남아 있는데, 그 내용은 다

전남 신안군에서 출토된 청자장경병 靑磁長頸甁은
몸통이 순무 모양으로 생겼는데,
일본에서는 이러한 형태의 유물을 청자하무병 靑磁下蕪甁이라고도 한다.
(국립중앙박물관 소장)

음과 같다. 정현왕후를 산릉山陵에 장사 지내고 3년간 혼전에서 신주를 모시고 있던 1531년 8월 15일, 추석제를 정현왕후의 혼전인 효경전에서 지내고 아침 상식上食을 올리기 위해 잠시 재실로 물러가 있던 중종이 풋잠에 들었을 때 꿈에 정현왕후가 나타나 "만청탕蔓菁湯을 맛보고 싶다"라는 말을 했다.

꿈에서 깬 중종이 놀라 내시부의 벼슬아치 설리薛里에게 물어보니 만청탕은 4월에서 8월까지는 쓰지 않는다며 지금은 만청탕을 올리는 시기가 아니라고 했다. 이에 중종은 앞으로 사계절 모두 만청탕을 올리라고 지시했다.

이 기사에 대해 당시 사관은 "만청은 정현왕후가 평시에 즐기던 것으로 왕의 효성에 감응한 것이라고 하였다"라는 짧은 사평史評을 남겼는데, 이를 통해 정현왕후가 생전에 만청을 좋아했다는 사실이 지금까지 전해지게 된 것이다.

15세기 말에서 16세기 초, 조선 왕실 인물을 떠올릴 때 폐비 윤씨나 연산군, 인수대비나 성종을 떠올리는 경우는 많으나 정현왕후를 떠올리기는 쉽지 않을 것이다. 그러나 '사화와 반정'의 혼란스러운 이 시기를 관통하며 조용하면서도 강단 있게 살아간 사람이 바로 정현왕후다.

정현왕후는 어머니를 잃은 연산군을 자기 자식보다 어

루만져 길렀고, 무오사화(1498년)와 갑자사화(1504년) 등 두 번의 사화가 일어났던 연산군대를 아들과 함께 무사히 버텨냈다. 또한 중종반정(1506년)이 일어났을 때는 대비로서 결단을 내려 국가의 대업을 잇게 했으며, 동궁(인종)을 저주하는 '작서灼鼠의 변'(1527년)이 일어나자 직접 나서 언문 쪽지를 추관推官에게 보내 범인을 죄주는 정치적 행동을 취하기도 했다.

이와 같은 어려운 세월을 버텨내면서 아마도 정현왕후는 스트레스를 많이 받았을 것이다. 이러한 정현왕후에게 제격인 식재료가 바로 순무다. 순무에는 디아스타아제라는 소화 효소가 들어 있어 속을 통하게 해주고 마음을 편안하게 해주며 기침을 다스리는데도 도움이 된다. 특히 가열해서 먹으면 단맛이 나기 때문에, 탕으로 먹는다면 맛도 좋고 먹기도 편했을 것이다. 하지만 과도하게 먹으면 가스가 차고 복통을 유발할 수 있으니 주의해야 한다.

제 **3** 장

취미와
오락
사이에서

당구장에서
나라 잃은 슬픔을
잊다

안보라 (국립고궁박물관 학예연구사)

조선을 이은 대한제국의 황제인 고종과 순종은 새롭게 변
화하는 정세 속에서 여러 서구 문물을 선별적으로 수용해
국제사회에서 당당한 독립국을 확립하고자 했다. 고종 황
제가 퇴위한 후 마지막까지 머물렀던 궁궐인 덕수궁에는
석조전이나 정관헌 등과 같은 서양식 건축물이 들어섰다.
순종 황제를 비롯한 황실 가족이 마지막까지 거주했던 창
덕궁의 인정전·대조전·희정당 등 일부 전각 내부는 서양
식 가구로 꾸며지는 등 전통적인 궁궐 모습과는 사뭇 달라

진 양상을 보이기도 했다. 근대화의 의지를 드러내고자 했던 새로운 궁궐 환경 속에서 황제의 여가 생활에도 신문물의 영향으로 변화가 나타나는데, 바로 '당구'다.

오늘날 당구는 국제 대회가 있을 정도로 스포츠의 한 분야로 정착한 지 오래며, 어느 동네를 가더라도 당구장을 쉽게 찾아볼 수 있을 만큼 대중적 오락이기도 하다. 드라마나 영화에서 당구를 치며 짜장면을 먹는 장면은 단골 소재가 될 정도로 우리 생활 속에 깊숙이 들어와 있다. 그렇다면 대한제국의 황제 고종과 순종은 어떻게 당구를 즐겼고 황실 당구장은 어떤 모습이었을까?

당구는 당시 '옥돌玉突'이라는 명칭으로도 불렸는데, 조선에 머물렀던 윌리엄 프랭클린 샌즈Willam Franklin Sands, 호머 B. 헐버트Homer B. Hulbert, 리하르트 분슈Richard Wunsch 등 외국인들의 회고록을 통해 19세기 말과 20세기 초 사이 서울 정동의 외국인 사교 클럽에 유입되어 있었음을 알 수 있다. 또 서울뿐만 아니라 전주, 광주 등 지방 도시에도 당구가 보급되어 클럽이 형성되기도 했다.

황실 관련 당구에 대한 기록은 민간보다 늦은 1912년 신문 기사를 통해서 비로소 확인된다. 『매일신보』의 「이왕가李王家 개설開設의 옥돌실玉突室」(3월 1일) 사진과 「이왕전하李王殿下 옥돌」(3월 7일) 기사에 따르면, 순종이 일본 도

쿄 소재 주식회사 닛쇼테이日勝亭에 주문해 2대의 옥돌대玉突臺, 다시 말해 당구대를 구입했고 창덕궁 인정전 동행각東行閣에 옥돌 운동장, 즉 당구장을 마련했음을 알 수 있다. 또 순종은 월요일과 목요일을 옥돌 운동 일로 정했는데, 정해진 날짜 이외에도 당구장에 빈번하게 왕림하는 등 상당히 당구에 심취해 있었다는 사실을 짐작할 수 있다.

순종이 당구대를 주문했던 닛쇼테이의 영업 안내 카탈로그에는 창덕궁 인정전 내 당시 당구장 모습이 실려 있다. 사진 속 당구장 모습을 유심히 살펴보면, 당구대에 대한제국의 상징 무늬인 오얏꽃이 장식되어 있고 4구의 당구공 모습이 눈에 띈다. 당구대 뒤 배경에는 〈매화도〉 병풍과 〈나전백경도螺鈿百景圖〉 병풍이 펼쳐져 있다. 두 병풍 사이에는 당구 큐대가 세워져 있고, 커튼 아래 원형 테이블에는 당구 점수 계산기가 놓여 있는 등 화려하게 꾸며진 황실 당구장의 면모를 볼 수 있다.

사진 속 당구장은 현재 남아 있지 않으나, 대리석 당구대로 추정되는 일부분과 당구 점수 계산기, 당구장을 꾸몄던 〈나전백경도〉 병풍은 현재 국립고궁박물관에 소장되어 있어 당시 화려했던 당구장의 일면을 확인해볼 수 있다.

순종이 당구에 심취했던 것은 1910년 국권 피탈의 한恨과 적적함을 달래기 위한 취미이자, 건강 회복을 위한 운

대한제국의 황제 고종과 순종은 당구를 즐겼을 뿐만 아니라
창덕궁과 덕수궁에 당구장을 마련할 정도로 당구에 심취해 있었다.
일본 닛쇼테이 카탈로그에 실린 '창덕궁 인정전 내 당구장'.
(국립고궁박물관 제공)

동 가운데 하나였던 것으로 보인다. 1898년 김홍륙金鴻陸
은 고종과 당시 태자였던 순종에게 해를 가할 목적으로 그
들이 즐기던 커피에 다량의 아편을 넣도록 사주했다. 고종
은 커피 맛이 이상하다는 것을 알고 곧장 뱉었지만, 순종
은 제대로 알아차리지 못하고 커피를 마시는 바람에 치아
가 빠지고 며칠간 혈변을 누는 등 고생했다고 한다. 이 때
문에 순종은 그 뒤로도 오랫동안 병을 앓았는데, 운동을
하면 개선될까 해서 간간이 신하들을 데리고 큐대를 잡았
다고 전한다. 이 내용은 『순종국장록』에 '운동의 필요로
옥돌'이라는 제목으로 짤막하게 실려 있다.

또한 순종은 외국인 당구 선수가 경성京城에 오면 반드
시 한 번씩은 만나보았을 정도로 당구에 깊은 관심을 가
졌다. 당시 순종의 적수가 되는 사람은 창덕궁 경찰서장이
었던 야노矢野라는 성씨의 인물이었다고 한다. 순종은 점
수를 내 득점에 따라 승패를 가르는 당구를 굳이 이기려는
욕심 없이 항상 재미있게 마치려는 마음으로 대했는데, 점
수가 60~70점 내외에 이르렀다.

현재 점수 체계와 비교해 어떤 차이가 있는지 알 수 없
어 순종의 당구 실력을 가늠하기는 어렵다. 순종이 마세
massé(공이 당구대에 가까이 있거나 공과 공 사이가 좁아 칠 수 없
을 때, 큐대를 수직으로 세워 공을 깎아 치는 방법)를 즐기지는

않았는지, 승패를 떠나 당구 자체를 즐기는 진정한 고수가 아니었을지 상상해본다.

『매일신보』의 「이왕비李王妃 옥돌 소견逍遣」(1914년 7월 4일) 기사를 보면 창덕궁 이왕비 전하, 즉 순종 계비 순정효황후가 매일 오전 10시에 나인들을 대동해 인정전에서 옥돌로 시간을 보냈다는 내용이 실려 있다. 또 『시대일보』의 「애용愛用하시든 옥돌대」(1926년 5월 4일) 기사에 의하면 순종과 순정효황후가 함께 당구를 치기도 했다고 하니, 황실에서 당구는 남성들만의 전유물이 아니었던 듯하다.

황실 당구장은 창덕궁뿐만 아니라 퇴위한 고종이 머물렀던 덕수궁에도 마련되었던 것으로 보인다. 덕수궁 이태왕 전하, 즉 고종은 아침에는 11시까지 함녕전 침실에서 취침하고 새벽 2~3시까지 침실에 들지 않은 채 덕홍전에 설비해놓은 옥돌장玉突場에 나아가 공을 치는 데 극히 재미를 붙였다. 나인들을 데리고 공을 치게 했다는 내용도 『매일신보』의 「이태왕 전하 어환력연御還曆宴과 근상近狀, 이태왕 전하 환갑 수연」(1913년 8월 29일) 기사에서 찾아볼 수 있다.

고종이 애용했던 덕수궁 덕홍전 당구장이 어떤 모습이었는지는 안타깝게도 사진이나 관련 유물이 남아 있지 않아 알 수 없다. 그러나 이 같은 기록으로 볼 때 순종뿐만 아

순종 계비 순정효황후도 나인들을 대동해 당구로 시간을 보냈을 정도로
황실에서 당구는 남성들만의 전유물이 아니었다.
당구장에 놓여 있던 당구 점수 계산기.
(국립고궁박물관 소장)

니라 아버지 고종 역시 거처하던 궁궐에 당구대를 비치했고, 궁중 여성들까지도 당구를 쳤다는 사실을 알 수 있다.

궁궐에서 당구는 일본에 의한 국권 피탈과 강제 퇴위로 황제에서 왕으로 강등된 고종과 순종의 건강을 위한 운동이자 무료한 일상 속의 새로운 취미 생활로 자리매김했다. 혹자는 외세의 침략으로 나라를 빼앗긴 상황에서까지 누렸던 호사스러운 황실 생활이라고 비판할 수도 있겠으나, 근대기 격변하는 정세 속에서 힘을 잃은 황제의 시름을 달래기 위한 위락慰樂으로 이해해볼 수도 있을 것 같다.

쌍륙에
빠지다

안보라 (국립고궁박물관 학예연구사)

"공주가 병이 나서 내가 사람을 보내어 문병하게 하였는데도, 너는 병증세가 어떠한지 알지도 못하고 내시를 데리고 쌍륙雙六만 치고 있었으니, 조금도 가장家長된 도리가 없구나!"

『세종실록』1424년 7월 18일 기사에 따르면, 세종은 21세의 꽃다운 나이에 병으로 죽은 누이동생인 정선공주貞善公主의 남편 의산군宜山君 남휘南暉를 궁궐 안으로 불러 크게 꾸짖었다. 지난날 공주가 병이 들자 오빠 세종은 동생의 병세를 살피기 위해 사람을 보내 대신 문병하게 했는데, 정작 남편이란 자는 부인의 병증세가 어떠한지도 모르고 내시를 데리고 '쌍륙'만 쳤으니 가장된 도리가 없다며 나무란 것이다.

남휘의 행태는 이뿐만이 아니었다. 공주가 세상을 떠난 지 몇 달 지나지 않았는데도 윤자당尹子當의 첩 윤이閏伊와 간통했고, 윤이가 사촌 언니의 집으로 가버리자 질투에 눈이 멀어 그 집으로 쫓아가서 언니라는 사람과 그의 남편을 거의 죽을 지경에 이르기까지 구타한 일도 있었다.

부마駙馬(임금의 사위)와 같이 종실에 관련된 자는 모름지기 더욱 경계하고 근신해야 하는데 병중의 아내를 등한시하고 쌍륙에 빠져 놀 뿐만 아니라, 공주가 세상을 떠난 지 얼마 되지 않은 시기에, 게다가 남편이 죽은 지 100일도 안 된 여인과 눈이 맞아 죄 없는 사람을 구타하기까지 했던 것이다.

사헌부에서는 남휘의 이러한 행실을 문제 삼아 벌주기를 청했으나 세종은 관대하게 그를 용서하고 더는 이 문제를 언급하지 못하게 했다. 그 대신 궁궐 안으로 남휘를 불러 그의 광패狂悖함을 꾸짖고 왕명이 있지 않으면 이웃이나 동네라도 출입하지 못하도록 집에 머무는 근신 처분을

쌍륙이 얼마나 재미있고 중독성이 있는 놀이였기에
한 나라의 공주를 뒷전으로 미루고 몰두했던 것일까?
쌍륙 놀이 도구인 쌍륙판과 말과 주사위.
(국립민속박물관·국립고궁박물관 소장)

내리는 데 그쳤다.

도대체 쌍륙이 얼마나 재미있고 중독성이 있는 놀이였기에 아픈 부인, 한 나라의 공주를 뒷전으로 미루고 몰두했던 것일까? 쌍륙은 윷놀이처럼 두 사람 또는 두 편으로 나뉘어 겨루는 놀이다. 주사위 두 개를 굴려 나오는 수에 따라 쌍륙판雙六板(말판)에 놓인 말馬을 옮겨가며 하는 일종의 보드게임이다. 주사위 두 개를 던져 가장 큰 수인 6이 나오는 것을 일컬어 놀이의 이름을 '쌍륙雙六, 雙陸' 또는 '상륙象陸'이라 했고, 길게 다듬은 나무나 뼈로 된 말을 쥐고 논다고 하여 '악삭握槊'이라고도 불렸다.

게임의 룰은 쌍륙판의 각자 구역에 15개씩 말을 배치하고 나오는 수만큼 일정한 방향으로 움직이는데, 주사위의 두 숫자를 합쳐서 한 개의 말을 움직일 수도 있고 각각의 숫자만큼 두 개의 말을 움직일 수도 있다. 또한 상대편의 말이 두 개 이상 있는 곳에는 말을 놓을 수 없는 등 복잡한 규칙이 있다.

여러 상황을 고려해 상대 말을 잡아가면서 내가 가진 모든 말을 상대편보다 빨리 판에서 빼면 이기는 게임이다. 15개 말을 적절히 움직이는 것이 승부를 결정짓는 중요한 요소이고, 판의 흐름을 파악해 자기편에 유리한 판단을 내리는 전술이 필요하므로 게임을 하는 동안 상당히 집중해야 한다.

이와 같은 쌍륙 놀이에 빠져 궁궐 안에 불을 낸 자도 있었다. 1489년 12월 16일 문소전文昭殿을 지키는 수복守僕 석시石屎 등이 어실御室에 들어가서 쌍륙으로 술내기를 했는데, 서로 싸우다가 화로를 차서 지의地衣(제사 때 쓰는 돗자리)를 불태우는 일이 발생했다. 궁궐 안에서 그것도 선대왕과 왕비의 위패를 모시고 제사를 지내는 지엄한 곳에서 도박을 했으니 공주의 병중에 쌍륙에 빠졌던 남휘보다 간이 큰 자였던 것 같다.

불을 낸 수복 석시라는 자를 엄벌에 처하고자 했으나 돗자리만 태우는 데 그쳤고 사람의 목숨이 무엇보다 중하니 감형해 사형만은 면하게 했다. 석시를 죄줄 것을 청한 내관은 쌀 등의 곡식을 포상으로 받았고, 석시의 죄를 무마해달라는 청탁을 받아 사건을 묵인한 것이 들통난 이들은 심문을 받기에 이르는 등 쌍륙으로 인한 여파는 다른 이들의 인사 고과에도 영향을 미쳤다.

그 밖에도 『조선왕조실록』을 비롯한 여러 기록을 보면 쌍륙에 대한 인식은 도박, 잡기, 방탕한 놀이 등으로 치부되는 등 상당히 부정적이었다. 1657년 8월 16일 송시열宋時烈은 "전하(효종)께서 자주 희빈姬嬪과 여러 공주들로 하여금 쌍륙과 바둑을 즐기게 하고서 놀이 값을 징수해 술과 음식을 푸짐하게 차린다"라고 지적했다. 왕실에서 방탕을 즐기고 검속檢束하지 않는 것을 염려한 것이다.

나라가 곤궁하고 재물도 바닥이 난 시기에 이러한 오락을 벌이면 백성들의 원망하는 소리는 높아질 것이요, 뜻을 가진 선비들은 대궐에 나오려 하지 않을 것이니 이러한 잡스러운 놀이를 통렬히 끊기를 권했다.

심수경沈守慶 역시 『견한잡록遣閑雜錄』에서 쌍륙을 바둑과 장기와 더불어 '잡기'라고 했다. 그 기술은 각각 잘하고 못함이 있어서 승부를 겨루는 것인데, 이는 소일거리로 노는 것이나 간혹 즐기다가 뜻을 상실하는 자도 있다는 것이었다. 즉, 도박으로 재산을 날리는 자가 있으니 잡기는 이로움은 없고 손해만 있다고 했다.

또한 정약용丁若鏞의 『목민심서』에는 바둑은 그래도 아취雅趣가 있는 것이지만, 쌍륙과 장기 놀이는 "돼지를 기르는 종들이나 하는 짓"이라고 기록되어 있다. 이는 진晉나라 무관 도간陶侃이 광주廣州 자사刺史로 있을 때의 일을 예로 들며 한 말이다. 도간은 종일 군부軍府의 일을 바쁘게 처리하느라 한가할 틈이 없었는데, 참모와 보좌들 중에 혹여 장난을 치면서 일을 하지 않는 자가 있으면 술그릇과 쌍륙, 장기 기구 등을 갖다가 모조리 강물에 던져버리라 명하고 그런 일을 일삼는 이들을 매로 때렸다고 한다.

더불어 여러 가지 내기 놀이 중에서 심보가 나빠지고 재산을 탕진해 가문과 친족들의 근심이 되는 것이 첫째가 투전이며, 쌍륙과 골패骨牌가 그다음이라고 했다. 아전이 나랏돈을 축내고, 장교가 장물죄를 범하는 것도 대부분 여기에서 오는 것이라며 목민관은 마땅히 엄중히 금단해야 한다고 했다.

이처럼 쌍륙은 일하다 잠시 쉬거나 적적한 일상을 때울 수 있는 즐거운 놀이만은 아니었다. 관청의 재산까지 도박 밑천으로 사용했던 옛 고사에 빗대어 쌍륙을 종들이나 하는 짓이라 맹렬히 비난했던 정약용의 인식이 어떠했는지는 짐작하고도 남을 일이다.

조선시대 왕실을 비롯해 남녀노소 즐겼던 쌍륙의 기원을 정확히는 알 수 없으나 서역에서 중국으로 전래된 후 우리나라에 유입된 것으로 보인다. 당나라 주방周昉이 그린 〈내인쌍륙도內人雙陸圖〉를 보면 궁녀들이 흑백의 말을 쌍륙판에 옮기며 즐기고 있고 다른 궁녀들은 호기심 가득한 표정으로 바라보고 있다. 이 같은 장면을 통해서도 중국의 궁궐 안에서 쌍륙이 여가를 위해 종종 놀이의 소재가 되었다는 것을 알 수 있다.

조선 후기 풍속화가로 잘 알려진 신윤복申潤福, 김득신金得臣, 김준근金俊根 등의 그림 속에서도 쌍륙을 두는 모습

신윤복이 그린 〈쌍륙삼매〉에는 기녀와 마주 앉아 쌍륙을 하는 사내가
게임이 잘 풀리지 않는지 탕건도 벗어던진 채
긴 담뱃대를 입에 물고 있는 모습이 그려져 있다.
(간송미술문화재단 소장)

을 볼 수 있다. 신윤복의 〈쌍륙삼매雙六三昧〉 그림을 보면 기녀와 마주 앉아 쌍륙을 하는 사내는 게임이 잘 풀리지 않는지 탕건도 벗어던진 채 긴 담뱃대를 입에 물고 쌍륙 삼매경에 빠져 있다. 이처럼 쌍륙은 조선시대 공주와 부마를 비롯한 왕실 가족뿐만 아니라 관청의 관리와 기녀들도 즐길 정도로 민가까지 널리 퍼졌던 놀이 문화였다.

순조와 순원왕후 사이에 태어난 덕온공주德溫公主 가문에서 전래된 쌍륙 말과 주사위가 국립고궁박물관에 소장되어 있다. 덕온공주는 16세의 나이로 윤의선尹宜善과 혼인했고 헌종의 왕비를 뽑는 행사에서 먹은 비빔밥이 체해 23세의 꽃다운 나이에 사망했다. 이 짧은 생애 동안 주사위를 굴리며 쌍륙 놀이를 즐기는 등 소소한 일상을 보내지는 않았을지 공주의 하루를 상상해본다.

불꽃,
밤하늘을
밝히다

● 백인경(국립고궁박물관 학예연구사)

해마다 10월이면 열리는 불꽃 축제를 구경하기 위해 수많은 사람이 서울 여의도 한강 인근으로 몰려든다. 밤하늘을 화려하게 수놓는 불꽃들의 향연을 보면서 사람들은 잠시나마 복잡한 현실을 떠나 동화 속 세계에 온 듯한 신비로운 기분을 느끼기도 한다.

조선 왕실에서는 불꽃놀이를 말할 때 '관화觀火'라는 용어를 자주 사용했는데, 까만 밤하늘에 펼쳐지는 아름다운 불꽃들을 바라보며 감상한다는 의미다. '화희火戲', '관방포화觀放砲火', '화산붕火山棚', '화산대火山臺' 등도 불꽃놀이를 뜻하는 용어다.

그러나 조선시대의 불꽃놀이는 그저 바라보면서 즐기는 현대의 불꽃놀이와는 사뭇 다른 의미가 있다. 조선 전기의 불꽃놀이는 군무軍務를 익히기 위해서, 또는 연말에 액운을 쫓기 위해 행했던 계동나례季冬儺禮 등의 행사와 함께 베풀어지기도 했다. 화약이 터지면서 나는 엄청난 소리와 강렬한 불꽃의 힘으로 나쁜 기운을 떨쳐버리고자 했다.

조선시대의 불꽃놀이 풍경은 어떠했을까? 조선시대 문인 중 몇몇은 자신이 직접 보았던 불꽃놀이에 대한 인상을 기록으로 남겼는데, 이를 통해 당시의 모습을 가늠해볼 수 있다. 성현은 『용재총화』에서 불꽃놀이에 대해 다음과 같이 묘사했다.

"두꺼운 종이로 포통砲筒을 겹으로 싸고 그 속에 석류황, 반묘班猫, 유회柳灰 등을 넣어 단단히 막고 이를 다진다. 그 끝에 불을 붙이면 조금 있다가 연기가 나고 불이 번쩍하면서 통과하면 종이가 모두 터지는데 소리가 천지를 흔든다. 시작할 때에 수많은 불화살火矢을 동원산東遠山에 묻어놓아 불을 붙이면 수많은 화살이 하늘로 튀어오른다. 터질 때마다 소리가 나고 그 모양은 마치 유성流星과 같아서 온 하늘이 환하다."

성현과 동시대의 학자인 서거정徐居正 또한 당시 궁궐에서 보았던 불꽃놀이의 감흥을 시로 생생하게 담아냈다.

좋은 밤 어원御苑에서 불꽃놀이 구경하노라니
온갖 놀이 다 바쳐라 기세도 웅장하구려.
(중략)
때로는 포도가 달리는 형상을 짓기도 하며
긴 밤을 온통 빨간 철쭉꽃 밭으로 만드누나.
붉게 떠오른 신기루대蜃氣樓臺는 보일락 말락 하고
번갯불은 천지 사이를 빨갛게 횡행할 제
자리 가득한 오랑캐들이 모두 경악하여라.
태평성대의 위령威令을 진작 보지 못했음일세.

조선 초기에는 외국 사신을 위한 행사의 하나로도 불꽃놀이를 종종 행했다. 서거정의 시 말미에 표현된 불꽃놀이를 본 외국 사신들의 반응은 정종대에서 세조대까지의 실록에서도 확인할 수 있다. 유구국琉球國(오키나와), 일본, 중국 등 주변국 사신들에게 불꽃놀이를 보여줌으로써 자연스럽게 화약과 관련된 조선의 기술력을 과시하고, 국가의 위엄을 드높였다. 이로써 조선은 당시 최첨단 기술이었던 화약 제조 기술의 보유로 주변국과의 외교 관계에서 우

조선은 불꽃놀이를 통해 화약과 관련된 조선의 기술력을 과시하고,
국가의 위엄을 드높였다.
1555년에 제작된 천자총통天字銃筒은
불씨를 손으로 점화해서 발화하는 화포다.
(국립중앙박물관 소장)

위를 점할 수 있었다.

불꽃놀이는 조선시대에 화약, 병기, 군진에서 쓰는 무기 등의 제조를 맡았던 군기감에서 담당했다. 중종 연간에 완성된 『신증동국여지승람』의 기록에 "최해산崔海山이 군기감에 처음 들어왔을 때는 화약이 겨우 6근 4냥뿐이었으나 지금은 6,980근 9냥"이라고 하여 태조 초기에 군기감에 비축되어 있던 화약의 양이 얼마 되지 않았으나 이후 생산량이 대폭 증가되었음을 알 수 있다.

이는 최해산이 군기감에서 화약 제조 전문 장인을 집중적으로 양성하는 등의 노력을 했기 때문이다. 그는 고려 말 화약 제조법을 찾아낸 최무선崔茂宣의 아들로 조선 초기 화약과 화포 분야에서 큰 업적을 남겼다. 최해산은 군기감에서 불꽃놀이를 담당하기도 했는데, 당시 그가 불꽃놀이에 관한 일을 총괄하고 있었다는 것을 『태종실록』 1411년 1월 9일 기사에서 볼 수 있다.

"의정부에서 군기감승軍器監丞 최해산에게 죄를 주기를 청하였다. 최해산이 제야除夜에 불꽃놀이火戱를 할 때, 자신이 몸소 살피지 아니하여 군중을 놀라게 하였으므로, 죄가 장杖 100대에 해당되었으나, 명하여 최해산을 용서하고, 그 약장藥匠에게 편형鞭刑을 가하게 하였다."

조선의 여러 왕이 불꽃놀이를 행했지만, 그중에서도

성종의 불꽃놀이에 대한 사랑은 남달랐다. 성종 재위 기간에는 화약 제조 기술력과 화약의 공급이 안정적인 궤도에 올라 불꽃놀이와 같은 행사를 치르는 데 큰 어려움이 없었던 듯하다. 그러나 1477년 12월 21일 화약장火藥匠이 죽고 다치는 사고가 벌어지자 신하들과 불꽃놀이 중지에 대해 논하는 자리가 마련되었다. 이때 대사헌 이계손李繼孫이 이렇게 말했다.

"'후원의 관화는 곧 놀이戱玩하는 일이니, 반드시 행해야 하는 것은 아닙니다. 하물며 지금 사람이 많이 죽은 것은 큰 변괴이니, 청컨대 정지하소서' 하니, 임금이 말하기를, '이것은 군무에 관계되는 일인데, 놀이라고 해도 되겠는가? 만약에 놀이를 하려고 한다면, 어찌 다른 놀이가 없어서 꼭 화희를 하려고 하겠는가? 내가 지금 정지하고자 하는 것은 다만 사람이 죽어서일 뿐이다. 이것을 놀이라고 지적해서 정지하도록 청하는 것이 옳은가?' 하니, 이계손이 아뢰기를, '화산대(화희를 하는 궁궐에 무대 모양으로 만든 대臺)는 적을 막는 기구가 아닌데, 어찌 꼭 급급急急한 것이라고 하겠습니까?' 하였다."

신하들은 불꽃놀이가 비용이 많이 들 뿐만 아니라 단지 놀이에 가깝기 때문에 폐지하자고 했지만, 성종은 불꽃놀이가 군무에 관계되는 중요한 일이라며 들어주지 않았

다. 이후 성종 연간에는 연말인 12월 30일에 불꽃놀이를
했다는 기록이 종종 나타난다.

1490년 신하들이 또다시 불꽃놀이가 유희에 가까운
소모적인 일임을 들어 중지할 것을 건의했는데, 이때에
도 성종은 그런 점을 인정하면서도 군대와 나라의 중한
일이자 두 대비(정희왕후와 소혜왕후)를 위해 사귀邪鬼를 쫓
기 위한 것이라는 명분을 들어 불꽃놀이를 강행했다. 이후
1491년과 1493년에도 신하들은 지속적으로 불꽃놀이의
중지를 건의했지만 성종은 수용하지 않았다.

화약이 비교적 많이 소모되는 대규모 불꽃놀이는 조선
전기에 집중되어 있으며, 성종대에 정점을 이루었던 것 같
다. 이후 중종대에서 명종대까지 중국 사신을 맞이하는 경
복궁 경회루 행사 등에서 불꽃놀이가 있었으나 이후의 기
록에서 더는 불꽃놀이 관련 내용을 찾아보기가 쉽지 않다.
조선 전기에 성행했던 불꽃놀이는 대량의 화약 소모에 따
른 비용 부담과 함께 많은 노동력이 필요했고, 때로는 큰
인명 피해가 발생하기도 했다.

또한 조선이 점차 성리학적 국가로서 그 면모를 갖추
어감에 따라 연말에 잡귀를 쫓기 위해 행해졌던 나례儺禮
와 불꽃놀이 등의 행사는 점차 축소되거나 사라지게 되었
다. 이후 조선 왕실에서는 불꽃놀이와 같은 의미로 '매화

〈득중정어사도〉에는 정조와 어머니 혜경궁 홍씨가 불꽃놀이를 함께 즐기는
모습뿐만 아니라 그것을 신기한 듯 구경하는 사람들의 모습이 담겨 있다.
(국립고궁박물관 소장)

埋火', '매화포埋火砲' 등의 용어들이 나타나는데, 조선 전기의 대규모 불꽃놀이와는 조금 다른 방식이 아니었을까 생각된다.

매화는 〈화성능행도병풍華城陵行圖屛風〉에 구체적인 모습이 표현되어 있다. 1795년 윤2월 9일부터 16일까지 정조는 아버지 사도세자의 탄신 60주년이자 어머니 혜경궁 홍씨의 회갑을 맞아 화성 행궁行宮으로 행차한다. 정조는 아버지의 묘소인 현륭원顯隆園에 제사지내고 행궁에서 어머니의 회갑연 등 여러 행사를 치렀는데, 당시 주요 행사 장면을 그린 것이 〈화성능행도병풍〉이다.

8폭의 그림 중에서 〈득중정어사도得中亭御射圖〉에는 득중정得中亭에서 정조가 활쏘기를 한 후, 어머니와 함께 불꽃놀이를 즐겼던 모습이 담겨 있다. 그림 하단에 땅에서 붉은 화염이 뿜어져 나오고 있는 '매화'의 모습이 실감나게 표현되어 있다. 그림을 가만히 들여다보면 매화포 주변에는 신기한 듯 불꽃놀이를 구경하는 수많은 사람의 모습을 볼 수 있다. 이들은 평소에는 좀처럼 구경하기 어려운 불꽃놀이 광경을 바라보면서 그 순간을 즐기고 있는 것 같다.

조선 전기에 왕실을 중심으로 행해진 불꽃놀이는 시간이 지나자 점차 규모가 축소되면서 민간에 널리 퍼져 모두가 함께 즐길 수 있는 하나의 놀이가 되었다.

사냥을
즐기다

이종숙 (국립고궁박물관 학예연구관)

"친히 활과 화살을 가지고 말을 달려 노루를 쏘다가 말이 거꾸러짐으로 인하여 말에서 떨어졌으나 상하지는 않았다. 좌우를 돌아보며 말하기를, '사관이 알게 하지 말라' 하였다."

『태종실록』 1404년 2월 8일 기사는 국왕이 계신 곳이면 어디든 따라가 그의 말과 행동을 가감 없이 기록하는 일을 소임으로 하는 사관의 책무와 직필直筆 정신을 보여 주는 대표적인 일화로 소개되기도 한다. 하지만 태종에게는 이보다 큰 굴욕이 또 있을까 싶다. 말에서 떨어진 일로 이미 위신이 깎였는데, 사관에게는 비밀로 해달라는 말까지 사관이 고스란히 적어서 후세에 남기는 바람에 지엄한 국왕의 체면이 말이 아니게 되었으니 말이다.

천하의 태종 이방원에게 굴욕을 안겨준 이날의 낙마 사건은 국왕이 주체가 되어 이루어지는 대규모 군사훈련인 강무講武 중에 일어난 것이었다. 강무는 혹시 일어날지도 모를 외적의 침입에 대비해 평상시 정기적 훈련을 통해 꾸준히 전투 기술을 익힐 목적으로 행해졌다.

강무는 사냥 형태로 진행되었는데, 일정한 체계 아래 역할을 분담해 이루어지는 집단적 사냥 활동을 통해 북과 깃발 등 여러 가지 신호체계로 전달되는 군령軍令 습득, 짐승 몰이를 위한 다양한 진법陣法 구사, 사냥감을 맞히기 위한 궁술弓術 연마 등 종합적인 훈련이 가능했기 때문이다.

강무는 조선 초기 태조대에 마련되어 태종대와 세종대에 지속적으로 시행되었으나 후대로 갈수록 횟수와 규모가 줄어들다가 조선 중기 이후에는 거의 시행되지 않았다. 태종은 1년에 두 차례, 봄·가을로 농사철과 겹치지 않는 시기에 강무를 행하도록 정해 재위 기간 중 총 24회를 시행했다.

장소는 대개 경기도와 강원도, 황해도 등지의 여러 지

역을 돌아가며 정했으며 기간은 대체로 10일 내외였다. 강무의 내용 자체는 예조에서 올린 규정에 의거해 진행되었지만, 행사 일정과 장소가 거의 태종 마음대로 결정되었기 때문에 강무가 군사훈련을 위한 것인지 아니면 사냥을 좋아했던 태종의 취미 활동을 위한 것인지 구분이 안 가는 경우가 자주 있었다.

본시 태종은 성균관에서 유학을 공부하고 17세에 과거에 급제할 정도로 실력을 갖춘 문관 출신이었다. 그러나 그는 아버지 태조의 무인 기질을 물려받은 덕분인지 사냥을 무척이나 좋아했다. 그의 말에 따르면 "어려서부터 오로지 말을 달리고 사냥하는 것을 일삼았"으며 왕위에 오른 뒤에도 "심심하고 적적한 것을 달래기 위해" 사냥을 꾸준히 즐겼다. 강무 행사 외에도 수시로 사냥을 나가 노루와 사슴 등을 잡아왔고, 개인적인 사냥 활동을 위해 며칠씩 궁궐을 비울 때도 있었다.

태종은 말을 달리며 활을 쏘아 동물을 잡는 사냥뿐만 아니라, 훈련된 매를 이용해 꿩이나 토끼 등을 잡는 매사냥도 매우 좋아했다. 몸소 팔뚝 위에 매를 받아들고 사냥을 나가거나 성 밖에 나가 매사냥을 구경하기도 했다. 현재의 서울시 광진구와 성동구에 속해 있는 살곶이벌은 태종이 매사냥을 직접 하거나 상왕인 정종을 모시고 매사냥을 즐겨 구경하던 곳이었다.

〈이응도二鷹圖〉목판은 태종의 매 두 마리의 모습을 새긴 것이다. 태종과 사촌간인 이천우李天祐가 1416년 관직을 그만둘 때 태종이 매에 빠져 정사를 그르칠까 걱정해 그의 두 마리 매를 달라고 하자, 태종은 이천우의 초상화를 그리게 하여 내려주면서 매 그림을 함께 하사했다고 한다.

그림으로 그려진 매는 백송골白松鶻과 노화송골蘆花松鶻로, 흰 빛을 띠는 백송골은 송골매(길들여 사냥에 이용하는 매) 중에서 크기가 가장 크면서도 성질이 굳세고 날쌔어 매우 귀한 것으로 여겨졌다. 태종이 과연 매 두 마리도 함께 내려주었는지는 확인되지 않지만, 가까운 이들조차 걱정할 정도로 태종의 사냥 취미는 과도한 측면이 있었던 것 같다.

국왕에게 간언하는 일을 담당했던 사간원과 사헌부의 대간臺諫들은 자유분방하게 사냥을 즐기는 태종을 자제시키기 위해 진땀을 흘렸다. 격식이나 법도에 얽매이지 않고 마음껏 사냥을 하고 싶은 태종과 이를 만류하려는 대간들 사이의 긴장 관계를 보여주는 일화가 있다.

때는 1403년 9월, 태종은 명나라 영락제에게서 국왕 책봉 고명과 금인金印을 받은 사실을 종묘에 고하고 제사

〈이응도〉는 태종이 이천우에게 내려준
매 두 마리를 목판에 새긴 것이다.
왼쪽이 노화송골이고, 오른쪽이 백송골이다.
백송골은 송골매 중에서 성질이 굳세고 날쌔어
매우 귀한 것으로 여겨졌다.
(국립광주박물관 소장)

를 올리기 위해 한양으로 출발했다. 그런데 도중에 돌연 태종이 거가車駕를 돌려 개경으로 돌아가버리는 일이 발생했다. 한양으로 가는 길에 홀로 거가 행렬에서 이탈해 말을 타고 언덕과 들을 돌아다니며 매사냥을 즐기는 태종의 행동에 대해 대간들이 그릇되었다며 강하게 저지하고 나서자 크게 마음이 상한 태종이 홧김에 한양행 거둥을 취소해버린 것이다.

종묘에서 행하는 의례를 앞둔 이는 몸과 마음을 깨끗이 하고 살생과 같은 부정한 일을 멀리하는 것이 예법이었다. 대간들로서는 이러한 예법을 지키지 않고 신하들조차 버려둔 채 혼자 사냥을 즐기기에 여념이 없는 태종의 잘못을 일깨우고 만류하는 것이 당연한 일이었다. 더욱이 불과 며칠 전에도 태종이 주위에 알리지 않은 채 무사들만 데리고 기러기 사냥을 나가는 바람에 임금이 간 곳을 알 수 없게 된 신하들이 몹시 놀라고 당황했던 사건이 있었던지라 대간들의 어조는 더욱 강경할 수밖에 없었을 것이다.

대간들은 임금이 말을 타고 사냥하다 부상을 입을까 염려된다는 이유를 대기도 했지만, 사냥을 반대한 근본적 이유는 다른 데 있었다. 그들이 생각하기에 모름지기 임금은 학문을 숭상하고 성왕聖王과 맹자의 가르침을 실천하며 궁궐에 앉아 하늘을 공경하고 덕을 닦아 진심으로 백성을 걱정하는 모습을 보여주어야 했다. 또한 임금이 밖에 나갈 때에는 항상 신하들과 의장儀仗을 대동해 위의威儀를 갖추는 것이 법도였으나 태종은 개의치 않았다.

게다가 임금의 사냥 활동으로 인한 민폐가 상당했다. 사냥 규모가 커지기라도 하면 사냥터로 정해진 지역의 백성들은 곡식을 미리 수확해야 했고, 미처 거두지 못한 곡식이 말과 짐승 몰이꾼들의 발에 상하기도 했다. 말에게 먹일 꼴을 백성들이 준비해야 하는 경우도 있었고, 자신의 고을에서 사냥하는 임금을 위해 지방관들이 올리는 선물도 결국 백성들에게서 나왔을 테니 임금의 사냥으로 인한 폐해가 한두 가지가 아니었다. 이러했으니 대간들이 보기에 태종의 사냥은 당장이라도 그만두어야 할 문제 행동이었다.

대간들은 지치지 않고 끈질기게 사냥 중지를 청했고 태종 역시 이에 굴하지 않고 사냥을 계속했다. 하지만 그도 가끔은 대간들의 눈치를 볼 수밖에 없었던 것 같다. 자신도 궁궐 안에서 독서에 힘쓰고 있기는 하지만 여가에 놀고 싶은 것은 인지상정이니 이해해달라는 식으로 말하기도 하고, 자신이 본래 궁궐에서 태어나고 자란 사람이 아니라 답답함을 참기 어려운 데다 잠저潛邸 때부터 즐기던 것이라 그만두기 어려우니 이번 한 번만 하고 그만두겠다

사냥터로 정해진 고을에서는 임금을 위해 지방관들이 올리는 선물을
백성들이 준비해야 했기 때문에
임금의 사냥으로 인한 폐해가 한두 가지가 아니었다.
조선시대 매사냥을 그린 <수렵도>.
(국립중앙박물관 소장)

고 사정하는 일도 가끔 있었으니 말이다.

　세종에게 왕위를 물려주고 상왕이 된 뒤, 더는 누구의 눈치도 볼 필요가 없게 된 태종은 매일 혹은 며칠에 한 번씩 사냥을 나갔다. 그리고 몸이 비대한 세종의 건강을 걱정해 사냥을 권하며 문무를 겸비한 국왕이 되어야 한다고 강조하기도 했다. 세종은 사냥을 그리 좋아하지 않았지만 가끔씩 상왕 태종과 태상왕 정종을 모시고 근교로 사냥을 나가기도 했다. 태종은 1422년 4월 13일 세종과 함께 경기도 포천 등지로 마지막 사냥을 다녀온 뒤 다음 달인 5월 10일 세상을 떠났다.

활쏘기
실력에 따라
벌주를
내리다

신재근 (국립고궁박물관 학예연구사)

1409년 태종은 세자에게 활쏘기를 익히도록 명했는데 이를 두고 여러 신하가 반대를 하고 나섰다. 활쏘기로 인해 학문을 소홀히 할까 염려된다는 것이 그 이유였다. 이에 대해 태종은 "임금이 굳세고 용감하면 능히 아랫사람을 제압할 수 있고, 활쏘기와 말타기는 굳세고 용감한 기질을 키우는 것이다"라고 하며 활쏘기 수련의 필요성을 강조했다. 태종이 강인한 국왕으로 키우고자 했던 이 세자는 태종의 장남이자 세종의 형인 양녕대군이었다.

세자에게 활쏘기 '조기 교육'을 명했던 태종의 모습에는 역성혁명으로 조선을 건국했던 무인 집안의 기질이 고스란히 느껴진다. 세자의 할아버지인 태조 이성계는 고려 공민왕에게서 "오늘날의 활쏘기는 다만 이성계 한 사람뿐"이라고 인정받을 만큼 활쏘기에서 독보적인 존재였다. 활쏘기만 놓고 보면 조선 최고의 혈통을 이어받았다고 해야 할 것인데, 잘 알려진 바와 같이 양녕대군은 여러 불미스러운 일 끝에 세자의 자리에서 내려왔기 때문에 그의 활쏘기 실력이 어떠했는지 정확히 알 수는 없다.

전통사회에서 총기가 등장하기 전까지 활은 전장에서 강력한 힘을 발휘하는 무기였다. 오늘날 우리가 양궁이라는 이름의 스포츠로 접하는 활쏘기와는 그 무게감이 달랐을 것이다. 태종이 강조했던 것처럼 활쏘기는 왕이 스스로 심신을 단련하기 위한 수단이기도 했으며, 군통수권자의 위치에서 유사시를 대비해 군비를 갖춘다는 측면에서도 중요한 의미가 있었다.

실제로 왕이 직접 활을 쏘는 일 못지않게 활쏘기를 지켜보는 일도 적지 않았다. 1425년 세종은 경복궁 경회루에서 군사들이 말을 타고 활 쏘는 것을 참관했다. 이 자리에서 성적이 좋은 이들에게는 상으로 활을 하사하기도 했다. 이른바 '관사觀射'라는 이름으로 행해지는 이 활쏘기 행사는 기본적으로 무예를 권장하는 성격이 있었다. 그러나 왕이 참관하는 활쏘기에 무관들만 참여한 것은 아니었다.

세종은 종친과 여러 신하를 모아 활을 쏘게 하여 보고 싶은데 이에 대해 밖에서 희학戲謔한다는 말들이 나오지 않을까 하고 염려하며 주위에 의견을 물었다. 이에 지신사知申事(도승지) 곽존중郭存中은 "활 쏘는 것은 육예六藝의 하나요, 또 활을 쏘아 그 덕을 보는 것은 옛 제도입니다. 희학과는 다릅니다"라고 답했다.

육예는 고대 중국에서부터 가르쳐왔던 여섯 가지 기예로 예법, 음악, 활쏘기, 말타기, 서예, 수학을 지칭하는 것이다. 활쏘기가 육예의 하나이고, 그것을 통해 사람의 덕을 알아볼 수 있다는 생각은 왕이 활쏘기를 참관하는 데 중요한 명분이 되었다.

그러나 세종이 염려했던 것처럼 왕의 활쏘기 참관이 '놀이'로 비쳐질 여지도 적지 않았다. 1450년 문종이 활쏘기를 참관하자 신하들은 군사적 준비를 잊지 않는 뜻이라고 평가하면서도 상중喪中에 활터에 나오는 것은 옳은 일이 아니라고 지적했다. 이에 문종은 "놀이를 한 것이 아니고 부득이해서 한 것"이라고 변명처럼 들리는 대답을 내놓는다.

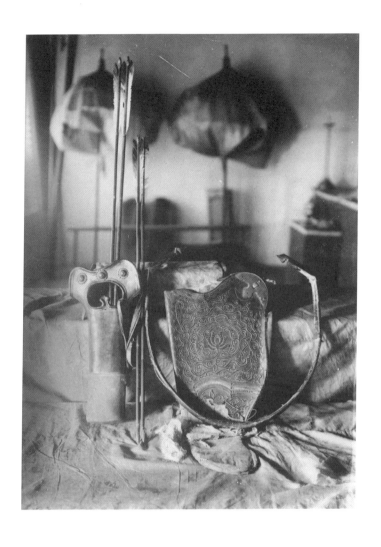

활쏘기는 왕이 스스로 심신을 단련하기 위한 수단이기도 했으며,
유사시를 대비해 군비를 갖춘다는 측면에서도 중요한 의미가 있었다.
태조 이성계의 사저인 함흥 본궁에 있었다고 전해지는 태조의 활과 화살.
(국립중앙박물관 제공)

활쏘기 참관으로 인해 성종과 신하들 사이에 만들어
진 긴장 관계를 살펴보면 그 성격이 더 구체적으로 보인
다. 성종은 매월 무신들의 활쏘기를 보겠다고 했다. 이유
인즉슨 문신은 경연을 통해 자주 보지만, 무신들은 그렇
지 않으니 활 쏘는 것을 보면서 접견하겠다는 것이었다.
누구도 이의를 제기하기 어려운 이유였다. 그렇지만 성종
은 경연을 중지하고 활쏘기 구경을 했던 일로 간언을 듣
기도 했다.

간언의 요지는 활쏘기 구경은 유희일 뿐인데 어찌 학
문하는 일을 중지할 수 있겠냐는 것이었다. 성종은 순순히
잘못을 인정했지만, 논란은 여기서 그치지 않았다. 왕이
종친들을 거느리고 활쏘기를 참관하는 일이 잦아지자 종
친들이 활쏘기 때문에 학문을 게을리하게 된다거나 왕과
의 친근함에 길들여져 예의를 벗어나게 되지는 않을까 하
는 등의 고언이 쏟아졌다.

이처럼 활쏘기가 갖는 성격이 양면적이기는 하지만 왕
과 신하, 일반 사대부를 막론하고 덕행을 쌓는 일종의 의
례라는 생각이 기저에 자리 잡고 있었음은 분명하다. 이러
한 성격이 가장 극적으로 드러나는 것이 대사례大射禮다.
대사례는 왕과 신하가 함께 활쏘기를 하는 의례다. 보통은
성균관에서 공자 사당(문묘文廟)에 제사를 지내고 과거 시

험 등과 함께 거행되었다. 조선시대에 시행된 대사례 중 가장 인상적인 것은 1743년의 대사례로 옛 제도를 본받고자 하는 영조의 뜻에 따라 꼭 200년 만에 다시 의례가 치러지게 되었다.

1743년의 대사례는 먼저 성균관에서 공자 사당에 제사를 지낸 뒤 명륜당에서 문과 과거를 시행했다. 그다음에 하련대下輦臺에 마련한 활터에서 대사례를 거행했다. 그 후 무과 활쏘기 시험을 치러 인재를 선발했다. 의례의 전 과정은 『대사례의궤大射禮儀軌』로 기록되었고, 대사례 장면은 별도의 그림으로 그려져 전해지고 있다.

대사례를 묘사한 그림을 보면 총 세 개의 장면이 연이어 그려져 있고 그 뒤에 행사에 참석한 신하들의 명단이 이어진다. 세 개의 장면은 왕이 활을 쏘는 장면, 신하들이 둘씩 짝을 지어 활을 쏘는 장면, 활쏘기가 끝난 후 성적에 따라 상벌을 내리는 장면이다. 그림에 왕을 직접적으로 표현하지 않는 전통에 따라 왕의 모습은 보이지 않는다. 그렇지만 왕이 활 쏘는 장면임을 알 수 있는 것은 과녁이 다르기 때문이다.

왕은 곰이 그려진 과녁(웅후熊侯)을 사용했고, 신하들은 사슴이 그려진 과녁(미후麋侯)을 사용했다. 또한 왕이 앉는 의자 앞쪽으로는 용이 그려진 자리가 있는데 왕에게 활과

대사례를 묘사한 그림은 왕이 활을 쏘는 장면,
신하들이 둘씩 짝을 지어 활을 쏘는 장면,
활쏘기가 끝난 후 성적에 따라 상벌을 내리는 장면 등으로 구성되었다.
〈대사례도〉 중 왕이 활을 쏘는 장면이다.
(국립중앙박물관 소장)

화살을 전달하는 신하가 그려져 있어서 이곳이 바로 왕이 활을 쏘는 자리임을 알 수가 있다.

신하들은 그보다 한 단 낮은 곳에서 둘씩 짝을 지어 활을 쏘았다. 활을 쏘는 사대射臺 아래로는 좌우에 붉은 탁자들이 있고 한쪽에는 활과 화살, 한쪽에는 술병이 놓여 있다. 활쏘기가 모두 끝난 후 잘 쏜 사람에게는 상으로 활과 화살이 내려졌고, 그렇지 못한 사람에게는 벌주가 내려졌다.

마지막 장면에는 벌주를 마시는 모습이 그려져 있다. 왕이 참석하는 국가적인 의례에서 벌주를 마시게 했다는 점이 다소 이채롭게 보이기도 하지만, 대사례가 활쏘기를 통해 신분 질서를 확립하는 한편 화합의 분위기를 조성하는 의식이었던 점을 고려할 필요가 있다.

대사례에서 영조는 네 발의 화살 중 세 발을 적중시켰다. 서른 명의 신하 중에서 네 발을 다 맞힌 사람이 다섯 명 정도인 것을 고려하면 영조의 활쏘기 실력도 수준급이었던 것으로 보인다.

다른 왕들도 활쏘기 실력이 좋았다고 알려진 경우가 있는데, 특히 정조는 "하늘에서 타고난 재주"라고 평가받을 정도였다. 왕이 행하는 활동들이 대개 그러하듯 활쏘기도 지나치면 부작용이 생기기 마련이겠지만, 심신의 수련과 무예의 권장이라는 명분을 잘 활용하면 정치적으로 유용한 도구였다. 정사를 돌보는 와중에서도 활쏘기 활동을 소홀히 할 수는 없었을 것이다.

사족을 하나 붙이자면 양녕대군이 생을 마쳤을 때 그의 졸기卒記에는 이러한 언급이 있다. "살림을 다스리지 아니하고 활쏘기와 사냥으로 오락을 삼았다." 태종에게서 활쏘기 '조기 교육'을 받았던 양녕대군, 그의 활쏘기는 한낱 오락으로밖에 평가받지 못했다.

병을
치료하기 위해
온천을
찾다

신재근(국립고궁박물관 학예연구사)

질병과 그 치료 문제는 시대를 막론하고 최우선의 사회적 관심사였다. 의학이 발달한 현대사회에서도 질병 관리는 여전히 쉽지 않은 문제이니, 지금보다 의학이 발달하지 못했던 전통사회에서는 더 어려운 고민거리였을 것이다. 특히 나라의 최고 통치자인 왕의 건강 관리와 관련해서는 첨예한 문제가 되었다.

1665년 안질(눈병)과 습창(피부 부스럼)으로 고생하고 있던 현종에게 왕의 건강을 책임지고 있는 내의원에서는 온천욕을 통한 치료가 불가피함을 아뢴다. 다른 의약적 처방보다도 온천이 효과가 있다고 본 것이다. 왕이 질병으로 고생하고 있고, 그 치료에 온천만 한 것이 없다고 하는데 다른 선택의 여지가 있었을까? 현종은 온천행을 결정했다.

온천욕은 비록 의서에 나와 있는 치료법은 아니지만, 경험적으로 그 효험에 대한 신뢰가 쌓여 있었던 모양이다. 조선시대에는 현종 이외에도 태조, 세종, 세조, 숙종, 영조 등 여러 왕이 온천을 다녀왔고, 중전을 비롯한 왕실 인물들의 온천 행차 역시 적지 않았다. 온천과 질병 치료의 상관관계를 오늘날의 잣대로 들여다보기는 어렵겠지만, 온천에 다녀오고 나서 앓던 병이 깔끔하게 나았다는 기록도 전해지는 것을 보면 온천의 치료 효과에 대한 신뢰는 꽤 두터웠던 것 같다.

물론 온천의 치료 효과에 대한 신뢰와는 별개로 왕이 궁궐을 나서는 일은 그렇게 간단치가 않았다. 한양에서 비교적 가까운 온천에 다녀온다고 해도 한동안 궁궐을 비워야 했고 왕의 행차를 위해서는 수많은 인력이 함께 움직여야 했다. 정치적·사회적·경제적 '비용'이 수반되는 일이었다. 왕의 질병 치료를 위해서라면 그 정도는 감내할 수 있는 것 아닐까 싶기도 하지만, 사실 왕의 온천 행차에는 이러저러한 속사정이 있었다.

1402년 태종은 종기 치료를 위해 온천에 다녀오고자 하는 뜻을 밝혔다. 그러나 이를 반대하는 상소가 올라온다. 반대의 이유인즉슨, 후대 사람들이 보기에 왕의 나이가 젊어 병환이 없을 것이 틀림없고, 온천 치료를 핑계 삼아 사냥이나 즐기려 했던 것으로 생각될 우려가 있다는 것이다. 여기에 추수철이기 때문에 백성들에게 피해를 줄 수 있다는 이유가 덧붙여졌다.

30대 중반의 나이였던 태종은 억울했던 모양이다. 사냥을 하고자 했다면 굳이 온천 치료의 이름을 빌릴 필요가 없다고 항변하면서 '20~30대의 젊은 사람은 반드시 병이 없는가?'라고 반문하기까지 했다. 그렇지만 결국 온천에 가고자 하는 뜻을 접었다.

왕의 온천행을 반대하기 위한 상소였으므로 점잖게 에둘러 표현한 것이겠으나 이 일화는 당시 왕의 온천행을 바라보는 시각을 여실히 보여준다. 온천욕을 통한 질병 치료라는 중요한 이유가 있지만, 궁궐 밖으로 행차해 사냥과 같은 바깥 활동을 하며 산천을 즐길 수 있는 유흥의 성격도 함께 갖고 있었던 것이다.

게다가 왕의 온천행은 백성들에게 부담을 주는 일이었다. 해당 지역에서는 왕을 영접하기 위해 많은 인력과 자

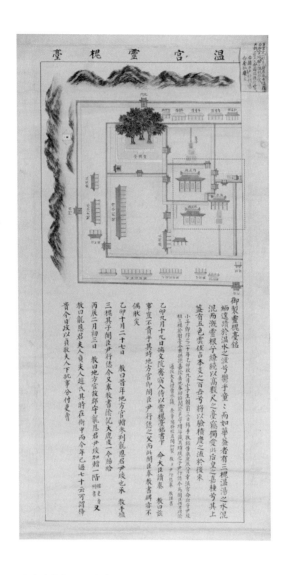

〈온궁영괴대도〉는 온양 행궁과 영괴대의 모습을 그린 그림이다.
내정전과 외정전 사이에 온천이 있다.
그림 아래쪽에는 영괴대의 내력을 적은 비문이 적혀 있다.
(국립중앙박물관 소장)

원이 동원되어야 했다. 왕에게 즐길 거리를 선사하려 했고, 보양을 위해 지역의 좋은 먹거리를 대접하고자 했다. 어느 정도는 지역 관리들이 스스로 나서서 경쟁적으로 벌인 일이었겠지만, 이러한 영접을 위한 부담은 고스란히 해당 지역 백성들의 몫이었다.

온천을 더 자주, 적은 부담으로 즐길 수 있으려면 한양에서 가까운 곳에 온천이 있어야 했다. 세종 때에는 포상을 내걸고 경기 지역에서 온천을 찾으려는 시도도 있었다. 신고한 사람에게 후한 상을 주는 것은 물론이고 해당 지역의 칭호를 승격시키겠다고 했다. 아울러 그 온천의 효험 정도에 따라 등급을 나누어 포상을 달리할 정도로 구체적인 '당근'이 제시되었다. 이렇게까지 했던 이유는 온천이 있는데도 신고하지 않는다는 생각 때문이었다.

당시 부평부富平府에 온천이 있다는 소문이 있었는데 지역민들이 그 구체적인 소재지를 숨기기 때문에 찾지 못한다고 본 것이다. 온천 소재지를 숨기면 고을의 명칭을 깎아내려 그 죄를 묻겠다고 하는 '채찍'을 들기도 했으나 결국 온천은 찾지 못했다. 부평은 부府에서 현縣으로 강등되었다.

실제로 부평에 온천이 있었는지는 알 수 없지만, 해당 지역에서 신고하지 않는다는 불신이 팽배해 있었다. 이는 온천이 발견될 경우 지역민이 겪는 어려움이 그만큼 컸다는 점을 보여주는 것이기도 하다. 부평부는 현재의 인천광역시와 부천시에 해당되는 지역이니 온천이 발견되었다고 한다면 왕의 온천행으로 인한 '비용'이 크게 줄어들 수 있었을 것이다.

조선시대에 왕이나 왕실 인물들이 이용했던 온천은 황해도 평산, 경기도 이천, 충청도 온양 등이었다. 조선 초기에는 평산이나 이천 등으로 향했지만, 점차 온양 쪽이 선호되었다. 현종은 "평산은 온천이 너무 뜨겁고 이천은 길이 험하다"는 이유를 들어 목적지를 온양으로 결정했다. 온천을 선택하는 기준에 온천수가 어떠한지라는 점이 고려되어야 하겠지만, 교통 여건도 무시할 수 없는 요소였다. 특히 왕의 행차에는 많은 인원이 함께 움직여야 했기 때문에 잘 닦인 길이 필요했다.

한양에서 접근성이 가장 좋았던 온양 온천은 현종 이후에도 숙종과 영조가 차례로 다녀갔다. 영조 이후에 왕이 온양 온천을 방문한 적은 없으나 영조의 아들이자 비극적인 운명으로 잘 알려진 사도세자도 1760년 온양 온천을 다녀온 적이 있다.

사도세자의 온양 온천 방문으로 인해 현재까지도 그 기억을 이어주는 기념물이 남게 되었다. 그는 온양에서 온천욕과 함께 활쏘기 등으로 시간을 보냈는데, 활터에 그늘이 없는 것을 안타깝게 여겨 회화나무 세 그루를 심게 했다. 세월이 흘러 나무는 무성하게 자랐고 1795년에는 그 주위에 축대를 쌓아 올리며 정비했다.

사도세자의 아들인 정조는 이 일을 보고받은 후 이러한 내력과 함께 영괴대靈槐臺라는 이름을 적은 비를 나무 옆에 세웠다. 영괴대는 '신령스러운 회화나무가 심어진 사대射臺'라는 뜻으로 사도세자의 덕을 기리는 동시에 아버지에 대한 추모의 마음을 담은 것이었다.

온양 온천에는 왕이 임시로 머무르는 궁궐이 있었다. 온양 행궁 또는 줄여서 온궁溫宮이라고도 하는데 영괴대가 조성되고 나서 이곳 온궁의 모습을 그린 그림인 〈온궁영괴대도溫宮靈槐臺圖〉가 전해지고 있다. 온궁 중앙에 내정전內正殿과 외정전外正殿이 표시되어 있고, 그 사이에 온천溫泉이라고 쓰인 건물이 보인다. 주변에는 홍문관弘文館, 수문장청守門將廳 등의 관청 이름도 찾을 수 있다. 좌측 상단에는 무성하게 자란 세 그루의 나무가 그려져 있는데 이곳이 바로 영괴대다. 담장 바깥으로는 과녁이 그려져 있어서 영괴대가 활을 쏘던 장소임을 다시 한번 상기시켜주고 있다.

아쉽게도 온양 행궁의 자취는 현재 남아 있지 않다. 그 자리에는 온양관광호텔이 들어서 있다. 옛 궁궐의 흔적은

영괴대는 '신령스러운 회화나무가 심어진 사대'라는 뜻으로
사도세자의 덕을 기리는 동시에 그에 대한 추모의 마음을 담은 것이다.
충남 아산의 온양관광호텔 본관 앞에 있는 비각碑閣과 영괴대비.

찾아보기 어렵지만, 호텔 본관 앞 한편에 '영괴대'라고 새겨진 비석이 남아 있다. 1795년 정조가 세운 바로 그 비석이다. 이를 통해 그 언저리에 회화나무 세 그루가 자리했다는 것을 알 수 있지만 지금은 남아 있지 않다.

온천과 함께 활쏘기 등으로 여흥을 즐겼을 사도세자의 모습을 상상해보는 정도로 옛 정취를 더듬어볼 수 있을 뿐이다. 온양 온천은 조선의 왕들이 애용했던 온천이라는 영예에 힘입어 오늘날까지도 전국적인 유명세를 이어가고 있다.

판소리에
취하다

김재은(국립고궁박물관 학예연구사)

이따금 환호하는 외마디 소리
넓은 뜰에는 구경꾼이 인산인해라.
이 밤사 부질없이 횃불을 걱정 마오.
반달이 구름 끝에 걸려 있으니.
타고난 목청을 광대에 점지해
궁상의 가는 소리 마디마디 수심이라.
귀고리와 비녀가 떨어져도 아깝지 않아
밤새도록 넋을 잃고 님을 위해 머문다.

횃불로 밝힌 밤, 인산인해의 마당. 깊은 밤 많은 사람을 마당으로 불러모은 것은 다름 아닌 광대의 소리다. 궁상宮商(오음五音 가운데 궁宮과 상商의 소리)의 가락에 실린 광대의 타고난 목청은 청중의 마음을 헤집어놓고, 부녀자들은 소리에 취해 장신구를 흘려도 알아차리지 못한다.

조선 후기 시서화 삼절로 유명했던 자하紫霞 신위申緯가 1826년에 지은 「관극절구십이수觀劇絶句十二首」 중 일부다. 춘향가를 연행하는 소리꾼과 공연을 보기 위해 모여든 사람들을 묘사한 작품으로 19세기 초엽 판소리가 당대인들의 마음을 훔치던 광경을 실감나게 보여준다.

조선 후기 서민의 마음을 사로잡으며 성장한 판소리는 19세기에 이르러 양반층까지 향유하는 문화가 되었으며, 더 나아가 궁궐 안 왕마저 귀 기울이게 했다. 사람의 성정을 교화하기 위해서가 아니라 단지 여흥을 위해 향유하는 음악을 삿된 것으로 취급했던 조선시대였던 만큼 왕이 민간의 음악을 즐긴다는 것은 권장할 만한 취미는 아니었다. 그러나 19세기 궁중에서는 판소리를 비롯한 민간의 예능이 종종 연행되었고 왕의 특별한 애호를 사기도 했다.

당대를 호령하던 판소리 명창들은 어전에 나아가 소리를 펼치고 상을 받는 경우가 종종 있었으며, 때로는 관직을 받기도 했다. 소리꾼이 임금에게서 관직을 받은 사례는

모흥갑은 헌종 앞에서 판소리를 펼쳐 동지 벼슬을 제수받았다.
〈평양도平壤道〉 10폭 병풍 중에서 모흥갑의 대동강 능라도 판소리 공연을 그린 장면이다.
그림 중간에 '명창名唱 모흥갑牟興甲'이라는 한자가 있다.
(서울대학교박물관 소장)

모흥갑牟興甲이 처음으로 알려져 있는데, 헌종 앞에서 재주를 펼쳐 동지同知 벼슬을 제수받았다.

모흥갑은 신위의 「관극절구십이수」에서도 고수관高壽寬, 송흥록宋興祿, 염계달廉季達과 더불어 당대 유명한 명창으로 소개된 사람이다. 그는 사방을 진동시킬 정도의 탁월한 성량을 가진 소리꾼이었다. 평양 연광정練光亭에서 소리를 했을 때 그가 질러낸 소리가 십 리 밖까지 들렸다는 이야기가 전해지는데, 그 소리가 아마도 궁에까지 미쳤던 듯하다.

흥선대원군은 19세기 최대의 판소리 후원자였다. 그는 파락호 시절 중인과 서얼 출신 인사들과 밀접하게 교류했다. 스스로 뛰어난 서화가로 풍류를 즐겼던 흥선대원군은 중인 출신 가객인 박효관朴孝寬과 안민영安玟英 등을 총애했다. 당시 운현궁에는 박유전朴裕全과 진채선陳彩仙 등의 명창이 기거하며 흥선대원군의 후원 속에서 재능을 펼쳤다.

서편제의 시조로 알려져 있는 박유전은 흥선대원군의 사랑채에서 소리를 연마하며 '강산제江山制'라고 하는 새로운 스타일의 판소리를 창조해냈다. 강산제라는 명칭은 그의 호를 딴 것인데, 흥선대원군이 박유전의 소리를 듣고서 "네가 천하제일 강산이다"라고 평하며 이 호를 내려준

데에서 유래했다는 이야기가 전해질 정도로 그에 대한 흥선대원군의 총애는 특별했다.

영화 〈도리화가〉(2015년)의 소재가 되기도 했던 명창 진채선은 경복궁 낙성연落成宴에서 소리를 펼쳐 이목을 끌었는데, 이를 계기로 흥선대원군의 총애를 받아 운현궁을 중심으로 활동했다. 흥선대원군은 집정執政 직후 전주 감영에 '전주통인청대사습'을 관장하도록 하고 여기에서 장원한 명창을 상경하게 했다. 지방의 소리꾼들을 발굴해내고 그들의 명성이 전국적으로 퍼져나갈 수 있는 기회를 준 것으로 흥선대원군의 판소리 후원가로서 면모를 잘 보여준다.

판소리는 고종대 최대의 전성기를 맞게 된다. 이 전성기는 흥선대원군의 후원에 힘입은 것이었지만, 그가 실권한 후에도 판소리의 시대는 저물지 않았다. 흥선대원군과 갈등했던 고종이지만 음악적 기호만큼은 생부와 맞서지 않았다. 1900년을 전후로 전국에 이름난 명창이 200명을 넘어섰다고 하는데, 부친의 영향으로 판소리를 비롯한 민간의 예능을 친숙히 여겼고, 이 취향을 중단하기는커녕 오히려 더 심화시켜나갔던 것이다. 김창환金昌煥, 송만갑宋萬甲, 박창섭朴昌燮, 이동백李東伯 등 당시 이름을 떨친 판소리 명창은 모두 고종 앞에서 공연을 펼쳤고, 재주를 높이

산 고종에 의해 의관議官이나 감찰監察 같은 직계를 제수받았다.

고종이 총애했던 민간 예능인으로 가장 많이 알려진 사람은 박춘재朴春載일 것이다. 박춘재는 판소리뿐만 아니라 민간에서 널리 연행되었던 가곡, 잡가, 선소리, 재담 소리 등에 두루 능했다. 그는 당시 '가무별감歌舞別監'으로 통했다. 이능화는 『조선해어화사朝鮮解語花史』에서 '가무별감' 항목을 풀이하면서, "박춘재가 잡가를 잘 불러 이와 같은 칭호가 있었다"라고 했는데, 박춘재와 가무별감을 동일시할 정도로 명성을 떨친 인물임을 알 수 있다. 그는 궁중에 자주 출입해 재담과 재주를 펼쳤던 듯, 영친왕이 어렸을 때 박춘재를 좋아해 그가 울면 박춘재를 부르러 보냈다는 이야기도 전해진다.

궁중에서 판소리를 비롯한 민간 예능에 대한 향유와 애호는 왕과 왕실 인물의 개인적 취향과 감상에만 머무르지 않았다. 공식적인 궁중·국가 행사, 연회의 자리에도 판소리 등 민간 예능은 적극적으로 수용·활용되었다. 1900년 무렵부터 만수성절萬壽聖節이나 천추경절千秋慶節 같은 황제와 황태자 탄신 등 공식적인 경축 행사에 민간 연희 집단인 삼패와 광대, 가객으로 일컬어지는 판소리꾼이나 창부가 초대되어 공연했다.

場唱 客歌

고종은 흥선대원군과 마찬가지로 판소리를 비롯한 민간의 예능을 친숙히 여겼고,
판소리 명창에게 의관이나 감찰 같은 직계를 주기도 했다.
〈기산풍속도〉 중 가객이 북소리에 맞춰 노래하고 있는 모습.
(숭실대학교 한국기독교박물관 소장)

또한 서양 각국과 근대적인 외교 관계를 맺기 시작하면서 형식과 내용이 재조정된 연향宴享과 연희의 자리에도 선보였다. 이때 여성 무희들이 펼치는 궁중 전통의 정재呈才(궁궐 안의 잔치 때에 벌이던 춤과 노래) 공연이 한자리에서 펼쳐지면서 궁중악과 민간의 음악이 경계를 허물고 공존하게 되는 계기가 되기도 했다. 1901년과 1903년 대한제국에 온 에밀 부르다레Emile Bourdaret와 카를로 로제티Carlo Rossetti는 당시 궁중 연회에서 무희들이 펼친 학무, 포구락, 사자무 등의 정재 공연 뒤에 창부들의 소리 공연이 이어지기도 했다고 기록하고 있다.

궁궐 담장을 넘나들며 그 안에 머물던 음악이 밖으로 전파되고, 궁궐 밖의 음악이 안으로 밀려들어오던 현상은 1902년 고종의 즉위 40년을 기념해 '칭경 예식'을 준비하는 가운데 협률사가 설립되며 한층 본격화할 수 있는 계기를 갖게 되었다. 비록 예식 행사 자체는 무산되어 정치·외교 행사의 일환으로서 협률사의 공연은 성사되지 못했다. 그러나 협률사는 이후 일반 관객을 대상으로 한 상업화된 극장이 되었다. 여기에서 기녀들의 궁중 정재 공연이며 창우倡優(광대)의 잡가와 소리, 창부의 판소리, 탈꾼, 소리꾼, 춤꾼, 남사당 등의 공연이 펼쳐지면서 궁중과 민간의 예술은 경계를 허물고 한 무대에서 관객들을 만났다.

이와 같은 전개를 왕실에서 의도하지는 않았을지도 모르겠다. 그러나 왕실의 사업에서 비롯된 상업화된 극장의 출현과 여기에서 펼쳐진 궁중과 민간의 예능을 통해 전통예능이 근대의 공연물로 자리 잡을 수 있는 하나의 계기가 마련되었음은 분명하다. 언젠가 전통 예능의 신명나는 소리에 어깨춤을 들썩여본 적이 있다면, 19세기 말부터 지속되어온 왕실 문화와 민간 예능의 넘나듦이 만들어놓은 징검다리 덕분일 것이다.

피부 미용을 위해
화장을
하다

•
김효윤(국립고궁박물관 학예연구사)

기품은 침착하고 맑았으며

정성으로 부모를 모시고 시아버지에게도 한결같이 했다.

어려서부터 장성할 때까지

담박하고도 고요하여 조금도 간여하는 바가 없었으니

듣지 못한 듯이 보지 못한 듯이 한 것이

곧 화협의 성품이었다.

화협옹주和協翁主의 죽음을 애도하며 아버지 영조가 직

접 쓴 글을 새긴 묘지석의 일부다. 화협옹주는 영조와 영빈 이씨의 딸이자 사도세자의 친누나로 어머니를 닮아 미색이 뛰어나고 효심이 깊었다. 하지만 혜경궁 홍씨가 쓴 『한중록』에는 사도세자와 함께 아버지에게 미움을 받았다고 기록되어 있다.

그러나 묘지석에는 사랑하는 자식을 자신보다 앞서 보내는 슬픈 아버지의 마음만 전해질 뿐이다. 11세에 사대부가에 시집을 가서 20세에 홍역으로 죽기까지 화협옹주에 대한 기록은 남아 있는 것이 많지 않지만, "침착하고 맑은 기품, 고요하고 깨끗한 성격, 아름다운 용모"를 지녔음을 확인할 수 있다.

화협옹주 묘는 1970년대에 이장되었으나, 2016년부터 2018년까지 초장지인 경기도 남양주시 삼패동에서 옹주가 생전에 사용했을 것이라 추정되는 화장품 도구들이 발굴되었다. 여러 화장품 내용물이 고스란히 담겨 있던 작은 청화백자 세트, 청동으로 만들어진 거울, 길운을 상징하는 여러 가지 무늬가 자수 놓인 거울집, 머리를 빗을 때 사용했을 빗과 눈썹을 그렸을 것으로 추정되는 눈썹먹들이 그것이다.

화협옹주 묘에서 출토된 12개의 작은 도자기에는 하얀색 가루, 빨간색 가루, 투명한 액체와 알갱이가 가득 섞

화협옹주 묘에서 화장 도구인 거울과 빗, 화장품 용기 등이 발굴되었다.
화장품 용기 중에는 화협옹주가 실제 사용한 것으로
추정되는 화장품들도 담겨 있었다.
(국립고궁박물관 소장)

인 액체 각 한 개씩과 다섯 개의 갈색 고체, 총 아홉 건의 화장품 내용물이 담겨 있었다. 과학 분석 기기로 화장품들의 성분을 확인해 조선시대에는 어떤 재료로 화장을 했는지 밝힐 수 있었다.

하얀색 가루는 탄산납cerussite과 활석talc을 같은 비율로 섞어서 피부를 하얗게 만들었던 파운데이션이었고, 빨간색 가루는 진사cinnabar로 입술이나 볼을 빨갛게 물들이는 립스틱이나 볼터치였으며, 갈색 고체는 분석의 한계로 밀랍 성분 외에는 정확히 알 수는 없지만 일종의 크림으로 분석되었다. 액체 중 하나는 특정 이온이 많은 중성의 물이었고, 또 다른 액체를 가득 채운 알갱이는 머리, 가슴, 배, 다리 등이 분리된 개미 수천 마리였다.

조선시대는 사회 전반에 유교가 깊게 자리 잡고 있었기 때문에 여인들은 과장되고 인위적인 화장보다는 자연스러운 아름다움을 위해 깨끗하고 매끄러운 피부를 만드는 데 중점을 두었다. 왕의 딸로서 사대부가에 시집갔던 화협옹주 또한 조용하고 단정한 성격으로 화려하기보다는 수수한 화장을 즐겼을 것이다.

화협옹주 묘 출토 화장품 내용물 중 다섯 종류가 크림이었던 것으로 보아 피부를 위한 기초화장에 비중을 두었다고 여겨진다. 그렇다면 개미가 가득 들어 있던 액체는 어떤 용도로 사용된 화장품이었을까?

'개미 화장품'은 육안으로 보기에 알알이 떨어져 있던 형태여서 처음에는 곡물이나 식물의 씨앗으로 오인되기도 했다. 그러나 현미경으로 확대 관찰하니, 톱니 같은 입 모양이 그대로 남아 있는 개미의 머리, 가로무늬가 확실히 보이는 개미의 가슴, 마디마디가 분명한 개미의 더듬이 등이 확인되었다. 개미의 종류는 불개미아과 털개미속 황개미*Lasius flavus*로 전체적으로 황갈색을 띠고 있는 2~4밀리미터 크기의 개체들이다.

화장품 용기 안의 개미가 으깨어지거나 갈리지 않고 머리, 가슴, 배, 다리가 분리된 상태로 들어 있는 이유는 무엇일까? 용기 안에 개미가 좋아하는 음식이 있어 줄지어 들어왔다가 빠져나가지 못했을 것이라는 가설도 있지만, 회곽함灰槨函에 들어 있었던 이 유물은 암반층을 파내어 유물을 넣고 그 위에 회를 부어 뚜껑을 덮었던 방식으로 매장되었기 때문에 그 가설은 성립되지 못한다. 따라서 어떤 목적에 의해 온전한 개미 그대로 용기 안에 넣었지만 오랜 시간이 지남에 따라 가장 얇고 약한 연결 마디들이 분리된 것이라고 볼 수 있다.

개미가 들어 있던 액체는 수소 이온 농도 지수가 약 pH 2~3으로 강한 산성이었다. 또한 이온 크로마토그래

피로 액체의 성분을 분석해본 결과, 식초의 주성분인 아세트산염이 108.0피피엠으로 개미에서 나오는 포름산염 13.9피피엠보다 약 여덟 배 높았다. 따라서 이 용액은 강한 산성을 가지고 있는 개미 수천 마리를 통째로 강한 산성인 아세트산에 넣어 만든 것이다.

또 이 '개미 화장품'은 화협옹주 묘에서 출토된 화장품 도자기 중 유일하게 국내에서 제작된 '청화백자 칠보무늬 팔각호'에 담겨 있었다. 이 용기는 함께 발굴된 다른 도자기들과는 달리 높이가 길고 입구가 좁아 액체를 담았을 것으로 보이며, 내부의 부피는 45밀리리터로 '개미 화장품'이 20밀리리터 정도 담겨 있었다.

화협옹주 묘 출토 화장품 도자기는 중국 징더전景德鎭과 일본 아리타有田에서 용기만 수입해 화장품은 국내에서 만들어 담았을 것으로 추정하기도 한다. 하지만, 조선 분원分院의 청화백자 칠보무늬 팔각호에 담겨 있던 개미 화장품은 분명히 국내에서 제조된 화장품이다.

한편 아세트산과 포름산은 강한 산성으로 현재는 화장품에 전혀 사용되지 않는 성분이다. 개미는 과거 이집트의 클레오파트라가 연지벌레와 함께 으깨어 립스틱으로 썼다는 이야기만 전해질 뿐이다. 실험을 위해 황개미를 직접 아세트산에 담가 출토된 화장품과 같은 비율로 만들어 분

조선시대의 여인들은 과장되고 인위적인 화장보다는 자연스러운
아름다움을 위해 깨끗하고 매끄러운 피부를 만드는 데 중점을 두었다.
화협옹주 묘에서 출토된 '청화백자 칠보무늬 팔각호'와 '개미 화장품'.
(국립고궁박물관 소장)

석해보았지만, 화장품으로서 기능이 있는 성분은 확인되지 않았다.

실험을 위해 필요한 적은 수의 개미를 확보하기도 쉽지 않았는데, 화장품을 제조할 당시에도 분명 같은 종의 개미 수천 마리를 구해 화장품을 만드는 과정은 복잡하고 오래 걸렸을 것이다. 그러나 당시 '개미 화장품'의 제조가 가능했던 것은 화협옹주가 조선 왕실의 인물이었기 때문일 것이다.

개미는 대부분 약용으로 개미집이나 개미의 알을 이용한다는 내용이 의학 관련 문헌들에 실려 있다. 명나라의 『본초강목』에서는 악성 종기나 부스럼과 같은 피부병에 개미를 찧어 바르거나 갈아서 다른 약에 섞어 바른다고 했다. 또한 청나라의 『본초강목습유』에서는 "산 개미의 새끼가 사람의 기력을 더하고 안색을 윤택하게 한다"라고 전하고 있다. 근면과 성실함의 대명사인 개미는 한자로 의蟻인데, 곤충 '충虫'과 옳을 '의義'가 합쳐져 군주와 신하의 의리를 의미하기도 한다.

또한 개미는 자기 몸무게의 30~40배를 들어올리며 5,000배까지 견디는 초능력적인 힘을 가지고 있다고 알려져 있다. 따라서 '개미 화장품'은 이 같은 미신적인 의미도 더해져 화협옹주의 피부 미용을 위한 치료제로 사용했을 가능성이 높아 보인다.

조선시대 영조의 딸로 태어나 일찍 세상을 떠난 화협옹주. 미색이 뛰어나고 기품이 있던 화협옹주의 묘에서 발굴된 '개미 화장품'은 현재 세계적으로도 유례를 찾아볼 수 없이 유일하게 남아 있는 특별한 존재다. 이를 분석하는 과정을 통해 개미라는 재료의 독창성과 그 안에 깃든 의미를 살펴봄으로써 조선 왕실의 미용에 대한 관심과 여인의 아름다움에 대한 노력을 엿볼 수 있다. 어쩌면 현재 세계가 주목하는 'K-뷰티'의 독창성과 본질적인 아름다움을 추구하는 노력의 근간도 바로 여기서부터 시작된다고 볼 수 있지 않을까?

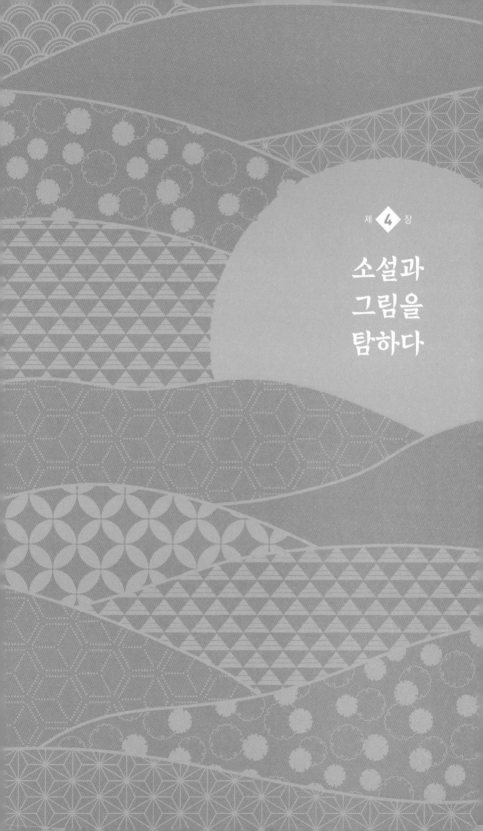

제 **4** 장

소설과
그림을
탐하다

소설을
탐독하다

이종숙 (국립고궁박물관 학예연구관)

참신하고 개성 있는 한문 문체를 금지하고 당송팔대가와 같은 모범적인 고문古文을 따르도록 한 문체반정文體反正을 추진한 정조는 소설을 이학異學의 사설邪說로 규정해 선비들이 읽는 것을 금지했다. 정조 자신이 직접 밝힌 바에 따르면 심지어 그는 한 번도 소설책을 펼쳐본 일이 없었다고 한다. 그는 숙직 중에 소설을 읽었다는 이유로 관리들을 파직하기까지 했다.

학자 군주 정조의 시각에서 보면 허구로 가득한 소설

은 그 가치가 지극히 낮을 수밖에 없었다. 그럼에도 궁궐 역시 사람이 사는 곳이었기에 그 안에서 소설을 애독한 이들이 있었다. 그중에는 정조의 조부모인 영조와 영빈 이씨, 부친인 사도세자가 있었다. 영조보다 위로 거슬러 올라가면 궁중에서 누구보다 적극적으로 소설 읽기를 즐겼던 부부를 만나게 되는데 바로 효종과 인선왕후다.

효종의 셋째 딸 숙명공주의 후손인 심익운沈翼雲의 문집 『백일집百一集』에 실려 있는 「인선왕후 어서 언서삼국연의 발仁宣王后 御書 諺書三國演義 跋」에 의하면 효종과 인선왕후가 함께 『삼국지연의』의 한글 번역본을 제작한 것으로 확인된다.

궁중에서 한가로울 때 효종이 『삼국지연의』를 친히 번역해 읽어주면, 인선왕후는 그 내용을 호지糊紙(풀 먹인 종이)로 만든 공책에 받아 적었다. 그리고 간간이 나인이 대신 쓰게 하는 방식으로 완성된 『삼국지연의』 한글 번역본은 숙명공주의 청에 따라 그에게 하사되었다.

잘 알려져 있듯이 『삼국지연의』는 위, 촉, 오 삼국 정립을 거쳐 진나라 성립까지의 역사를 소설화한 작품으로 16세기 초 조선에 처음 들어온 이후 사대부만이 아니라 부녀자와 민간에까지 폭넓게 보급되었다. 효종은 인선왕후와 함께 직접 한글 번역본을 만들 정도였으니, 영웅과 호걸의 활약

상이 흥미진진하게 펼쳐지는 이 소설에 대한 그의 관심과 열의가 남달랐음을 알 수 있다.

영조는 신하들이 읽어주는 것을 듣는 방식으로 소설을 감상했다는 점이 독특한데, 이 사실은 『승정원일기』 1758년 12월 19일 기사를 통해 잘 알 수 있다. 건강에 문제가 생긴 영조에게 탕약을 올리러 왔던 약방藥房 도제조 都提調 김상로金尙魯가 영조의 취침을 돕기 위해 언문(한글) 소설책을 읽어드리겠노라 청했다. 어린아이처럼 다른 이가 읽어주는 한글 소설에 귀를 기울이다 스르르 잠드는 영조의 모습을 상상하는 것도 재미있지만, 뒤에 이어지는 두 사람의 대화 내용은 더욱 흥미롭다.

언문 소설을 진언陳言하겠다는 김상로의 말에 영조는 잠드는 방법으로는 언문책보다 진서眞書, 즉 한문책이 낫다고 하며 짧은 이야기를 들려준다. 이야기의 내용은 이렇다. 옛날에 어떤 부인이 아이가 울자 책으로 아이를 덮어주었다. 옆에 있던 사람이 어머니의 행동을 이상하게 여기고 그 까닭을 물었다. 어머니의 대답인즉 "아이의 아비가 평소 책을 잡으면 눕고, 누우면 잠이 드니, 아이도 책으로 덮어 잠이 들게 하려고 한 것입니다"라고 했다. 영조의 말을 뒤집으면 어려운 한문 소설보다는 쉬운 한글로 쓰인 소설이 잠을 달아나게 할 정도로 훨씬 재미있다는 뜻이 된다.

이보다 훨씬 전부터 영조가 병석에 있는 자신을 위해 신하들로 하여금 소설을 낭독하게 했다는 기록이 있음을 볼 때, 요즘 유행하는 오디오북처럼 음성으로 지원되는 소설 탐독은 영조가 누린 특별한 취미 생활이었다고 해도 무방할 것 같다. 그가 신하들을 시켜 읽게 한 소설이 구체적으로 무엇이었는지는 기록에 보이지 않는다. 다만 영조가 직접 읽었던 소설들이 일부 확인되는데, 그는 『삼국지연의』, 『서유기』, 『수호전』을 즐겨 읽었으며 특히 『삼국지연의』를 자세히 새기며 보았다고 스스로 밝히고 있다.

영조의 후궁이자 사도세자의 생모인 영빈 이씨도 소설을 즐겨 읽었던 것으로 보인다. 현재 한국학중앙연구원 장서각에는 창덕궁 낙선재에 보관되어 있던 필사본 한글 소설 84종 2,000여 책이 소장되어 있으며, 이 중에 영빈 이씨가 소장했던 책이 몇 종 포함되어 있다. 『고문진보언해古文眞寶諺解』, 『무목왕정충록武穆王貞忠錄』, 『손방연의孫龐演義』 총 3종의 도서에 '영빈방暎嬪房'이라는 인장이 찍혀 있어 이것이 영빈 이씨의 장서였음을 확실히 알 수 있다. '영빈방' 인장은 각 책의 본문 첫 면에 찍혀 있는데, 그 안에 '내內' 자가 있는 항아리 모양 인장이 '영빈방' 인장과 상하로 짝을 이루어 찍혀 있는 점이 이채롭다.

사도세자의 생모인 영빈 이씨는 소설을 즐겨 읽었다.
한글 소설『손방연의』의 본문 첫 번째 면에 영빈 이씨의
'영빈방' 인장과 항아리 모양 인장이 상하로 나란히 찍혀 있다.

『고문진보언해』는 중국 전국시대부터 송나라에 이르기까지의 시문을 모아 엮은 『상설고문진보대전詳說古文眞寶大全』에 수록된 글을 발췌해 한글로 번역한 것이다. 다른 두 편의 작품은 명나라 소설의 한글 번역본으로, 『무목왕정충록』은 남송의 역사를 배경으로 무장武將 악비岳飛의 활약상을 그렸고, 『손방연의』는 진·초·연·한·조·위·제 일곱 나라가 세력 다툼을 벌이는 전국시대를 배경으로 제나라 손빈孫臏과 위나라 방연龐涓 두 사람의 전략 대결을 그렸다.

이 책들이 영빈 이씨가 소장하고 읽었던 소설의 일부에 불과하다는 점을 감안하더라도, 그가 여성 취향의 말랑말랑한 이야기가 아니라 정치적으로 대립하는 남성 주인공들의 갈등과 대결을 그린 소설에 관심을 보였다는 점이 상당히 흥미롭다.

영조와 영빈 이씨의 소설 애호는 일상적인 여가 활동 수준이었던 반면, 사도세자에게 소설은 특별한 의미를 가지고 있었던 것 같다. 사도세자가 소설을 얼마나 좋아했는지는 그가 편찬한 소설 삽화집 『중국소설회모본中國小說繪模本』에서 확인할 수 있다. 이 책의 맨 앞에는 사도세자가 붓을 들어 직접 쓴 서문 두 편이 있고 이어서 총 128면의 그림이 실려 있다.

사도세자가 편찬한 『중국소설회모본』에 수록된 '화과산 수렴동'은
『서유기』의 주인공 손오공의 고향인 화과산의 모습을 그린 것이다.
화과산은 "1년 사계절 꽃이 피고 과일이 가득한" 선인들의 산이라고 묘사되었다.
(국립중앙도서관 소장)

그림은 사도세자의 명을 받아 당시 궁중 화원이었던 김덕성金德成 등이 그린 것으로 전체적으로 가는 묵선으로 섬세하게 표현되었다. 그림은 책장의 각 면에 한 장면씩 그려져 있으며, 그림 상단 바깥쪽 여백에 각 장면의 제목이 한글로 적혀 있다. 이 그림들은 기본적으로 중국 소설 삽화를 본떠 그린 것으로 알려져 있다.

자필로 쓴 서문에서 사도세자는 사서육경과 제자백가서 같은 고전 외에도 패관소사稗官少史(민간의 이야기나 전설)에 해당하는 많은 책이 있다고 하며 그러한 종류의 책 제목을 일일이 나열했다. 그리고 그러한 책들 중 귀감이 될 만한 것과 웃음을 주고 사랑할 만한 것을 뽑아 이 책을 만들었다고 밝혔다.

사도세자가 나열한 93종의 책 중 소설은 74종에 이르며, 이 책에 실려 있는 삽화들이 유래한 소설은 『서유기』, 『수호지』, 『삼국지연의』, 『전등신화』, 『손방연의』 등 10여 편이다. 이 중 『서유기』 삽화가 40면으로 가장 많은 분량을 차지하는 것을 보면, 사도세자는 『서유기』의 신비롭고 환상적인 모험 이야기에 깊이 매료되어 있었던 것 같다.

어떤 면에서 사도세자의 소설 애호는 단순한 취미 이상의 의미를 갖고 있었다. 『중국소설회모본』의 서문에 따르면 그에게 소설은 병을 치료하는 수단이기도 했다. 아버지 영조와의 갈등이 나날이 심화되고 있던 상황에서, 그가 탐독했던 수많은 소설은 불안하고 불편한 현실을 잊게 해주는 도피처가 아니었을까 싶다. 사도세자는 1762년 윤5월 9일에 『중국소설회모본』의 서문을 썼다. 이것이 그가 뒤주에 갇히기 불과 나흘 전 일이라는 사실은 그래서 더욱 의미심장하게 다가온다.

그림에
정치를
쓰다

신재근(국립고궁박물관 학예연구사)

〈어초문답도漁樵問答圖〉는 어부와 나무꾼이 서로 대화하는 모습을 담은 그림이다. 배경지식 없이 보면 다소 생경하게 느껴질 수 있는 주제지만, 어부와 나무꾼이 만나 만물의 질서와 세상의 이치 등에 대한 대화를 나누었다고 하는 고사에 그 연원을 두고 있다. 두 주인공은 실제로 고기를 잡고 나무를 하는 생활인이라기보다는 깊은 산중에 은거하고 있는 듯한 현자賢者의 모습으로 그려지고 있다. 과연 이들은 어떠한 이야기를 나누고 있는 것일까?

이 그림을 보는 이에 따라서 다양한 상상력이 이어질 수 있겠지만, 그림 위쪽에 누군가가 자신의 감상을 글로 남겨놓아 참고가 된다. 이 글의 마지막 부분을 보면 "나무꾼과 어부가 주고받은 말은 해로움과 이로움에 관한 것이라네應語樵漁害利耳"라고 적고 있다. 그래서 두 인물이 나누는 세상 이치에 관한 대화를 어떤 관점에서 이해하고 있는지 알 수 있다. 이러한 감상평을 남긴 이는 숙종이다.

이 글에는 숙종과 관련된 직접적인 언급이 없지만, 맨 끝에 찍혀 있는 붉은색 인장이 바로 주인공을 알려주는 단서다. 왕의 글이라는 뜻의 '신장宸章' 두 글자를 새긴 이 인장은 숙종이 사용했던 것이다. 이 글의 말미에는 "을미년 8월 하순에 썼다歲在乙未仲秋下浣題"라고 글 쓴 시기를 밝히고 있는데, 을미년은 숙종 41년인 1715년이다. 우리는 지금 약 300년의 시차를 두고 숙종이 감상했던 그림을 마주하고 있는 것이다.

숙종이 그림을 보고 그에 대한 감상을 글로 남기는 것은 드문 일이 아니었다. 숙종이 감상평을 적은 그림은 〈어초문답도〉 이외에 몇 점이 더 전해지고 있다. 게다가 조선의 역대 왕들이 지은 글들을 모아놓은 『열성어제』를 보면 숙종이 그림을 보고 나서 지은 시문이 다수 실려 있다. '무슨무슨 그림을 보고 짓다'라는 형식의 제목만 추려보아도

兩個有人張與李

間一斧手中鯉酒醋

何事來河邊應語樵

漁害利耳

歲在乙未仲秋下浣題

숙종은 〈어초문답도〉에
"나무꾼과 어부가 주고받은 말은 해로움과 이로움에 관한 것이라네"라는
감상평을 남겼다.
(국립중앙박물관 소장)

100수 이상이 된다. 그림에 관해서라면 조선의 어느 왕도 숙종만큼 많은 글을 남기지 못했다.

좋아하는 완상물은 없지만
오직 이름 있는 그림은 즐긴다네.
이 때문에 그림을 많이도 모았는데
역시 뛰어난 것만을 모으는 버릇이 되었다네.

1711년 숙종이 종친 해원군海原君 이건李健이 그린 〈연화백로도蓮花白鷺圖〉를 감상하고 그 위에 남긴 글이다. 그림 보는 것을 좋아해서 많은 그림을 모았다는 사실을 직접 밝히고 있으며 또 은연중에 뛰어난 그림을 알아보는 자신의 식견을 자랑하고 있기도 하다. 작품 자체에 대한 감상평이라기보다는 그림 취향에 관한 숙종의 자기 고백처럼 들린다. 조선시대 국왕의 자리에서라면 자신의 의지 여하에 따라 얼마든지 나라 안의 좋은 그림들을 두루 볼 수 있었을 것이다.

실제로 『열성어제』에 실린 글의 내용을 보면, 숙종은 다양한 주제의 그림들을 섭렵했음을 알 수 있다. 산수, 동물, 인물, 풍속, 역사 고사 등 전통 그림에서 다루어지는 거의 모든 주제를 망라하고 있다. 당시 조선에서 이름난 화

숙종이 〈연화백로도〉를 감상하고 남긴 글에는
뛰어난 그림을 알아보는 자신의 식견을 자랑하는 내용이 담겨 있다.
(국립중앙박물관 소장)

가의 작품은 물론이고 중국의 명작까지 숙종의 감상 목록에 이름을 올리고 있다. 이른바 감식안鑑識眼이라는 것도 일정 수준 이상의 물량을 전제로 해서 얻어질 수 있는 것일 테니 숙종이 내보인 자신감은 충분히 수긍할 만하다고 하겠다.

그러나 왕의 그림 감상은 그저 취향의 영역으로만 남겨져 있지 않았을 것이다. 『열성어제』에 실린 글 중에는 숙종이 농사일의 어려움을 담은 그림을 감상하고 남긴 글인 〈제가색간난도題稼穡艱難圖〉가 있다. 그중 일부를 옮겨보면 다음과 같다.

가난한 민가에 몸소 간 듯하고
누에 치는 아낙과 농부를 눈으로 보는 듯하네.
가난의 큰 고통을 어찌 잠시라도 잊으랴.
백성들을 보살핌이 정치의 우선이네.

이 그림은 초봄부터 늦가을까지 이어지는 농가의 여러 일을 빠짐없이 그린 병풍이었고 숙종은 이것을 늘 자리 곁에 두었다고 한다. 현재 그림은 남아 있지 않으나 아마도 백성들의 생활상을 생생하게 사실적으로 묘사한 그림이었을 것이다. 숙종은 이 그림을 보면서 군주로서 마음가짐을 새롭게 하고 또 정치의 기본을 생각했다.

숙종이 감상한 그림 중에는 교훈적인 내용의 고사, 역사적으로 추앙받는 충신 등을 주제로 한 그림도 많이 포함되어 있었다. 그 그림들은 자기 성찰을 위한 거울이 되기도 했을 것이며, 이러한 주제의 그림을 가까이했다는 사실만으로도 뚜렷한 정치적 의미를 전달할 수 있었을 것이다. 때로는 말이나 글보다도 그림을 통해 뜻을 드러내는 방식이 효과적인 법이다.

그림에 관해서라면 일가견이 있었던 숙종은 어진을 그려서 봉안하는 일에도 남다른 노력을 기울였다. 임진왜란을 거치면서 역대 왕들의 어진은 대부분 소실되었고 이후 100여 년간 어진을 제작하고 봉안하는 체계가 회복되지 못했다. 이러한 상황에서 숙종은 1688년 전주의 경기전에 봉안되어 있던 태조 이성계의 어진을 모사해 새로운 태조 어진을 제작하고 한양에 봉안하도록 했다.

이것은 단순히 그림을 그리는 행위가 아니라 성리학적 명분론 위에서 조선 창업의 의의를 긍정적으로 재평가하고 창업주인 태조에 대한 역사적 환기를 통해 이성계부터 이어져온 왕권의 정통성을 강조하고자 하는 고도의 정치적 의미를 담은 행위로 해석되고 있다.

태조 이성계의 어진이 한양에 봉안되고 몇 년 지나지

숙종이 태조 이성계의 어진을 모사하게 한 것은
조선 창업의 의의를 긍정적으로 재평가하고,
왕권의 정통성을 강조하기 위해서였다.
(전주 어진박물관 소장)

않아 숙종은 자신의 어진도 그려 강화도에 봉안하도록 했다. 임진왜란 이후 한동안 왕의 어진이 그려지지 못했고 또 생존해 있는 왕의 어진을 봉안하는 일은 전례가 없었기 때문에 숙종의 이러한 결정은 신하들의 강력한 반대를 무릅써야만 했다.

그러나 숙종의 과감한 결정은 조선 후기 어진 제작과 관련된 제도가 다시 운영될 수 있는 시초가 되었다. 이후의 왕들은 숙종의 전례를 따라 자신의 어진을 그리고 봉안했으며 시대적 상황에 따라 필요한 정치적 의미를 담아냈다. 다만, 안타깝게도 숙종의 어진은 현재 남아 있지 않다.

숙종은 14세의 어린 나이로 왕위에 등극해 당쟁과 환국(경신환국[1680년], 기사환국[1689년], 갑술환국[1694년])으로 대표되는 격변의 시대를 살아낸 왕이다. 숙종의 그림 취미를 단순히 여가를 즐기기 위한 '문예적 취향' 정도로만 보기에는 그가 마주한 정치적 상황이 결코 녹록하지 않았다.

어부와 나무꾼 그림을 통해 보고자 했던 세상의 이치, 숙종이 말하는 이로움과 해로움은 무엇이었을까? 숙종 자신이 펼치고자 했던 정치, 백성들의 어려움을 살피고 보듬어 많은 사람을 이롭게 하는 정치, 그런 것들에 대한 고민의 흔적은 아니었을까?

충신의
초상화를
보다

● 안보라 (국립고궁박물관 학예연구사)

영조는 서화에 많은 관심을 가진 왕이었다. 수집한 서화와 서책의 목록을 적어 책을 만들기도 했으며, 직접 갈 수 없는 장소에 대해 그림을 그려오게 하여 확인하기도 했다. 특히 초상화에 관심이 깊었는데, 후손들이 보관하고 있는 옛 공신의 초상을 궁궐 안으로 갖고 오게 하여 용모를 확인하고 찬문을 지어 내린 사례를 적지 않게 찾아볼 수 있다. 영조는 공신 초상을 감상하기 위해 초상의 존재 여부를 수소문하거나 때로는 독촉해 궁궐 안으로 가져오게 했는데 그 까닭은 무엇일까?

나라와 왕을 위해 공을 세운 신하들에게는 공신의 칭호와 경제적인 포상을 비롯해 가족에 대한 특혜 등 여러 가지 포상을 주었다. 공신 초상은 이들에게 베풀어진 포상 중 하나다. 왕명에 의해 당대 최고의 화원에게 그리게 하여 하사하고, 신하들은 매우 큰 명예로 여겼다. 또한 가문에서는 이를 가보家寶로 섬기며 대를 이어 지켜왔다.

공신 가문에서 보관하고 있던, 선왕이 내려준 옛 공신 초상에 대한 영조의 관심은 단순히 인물에 대한 개인적인 호기심 때문만은 아니었다. 공신 초상을 자신의 신하들과 함께 보며 공적功績을 치하했는데, 이는 옛 공신의 모습을 본보기로 삼고 국왕과 나라에 대한 충성을 다짐받고자 했던 의도가 다분히 내포되어 있었다. 이 같은 맥락 속에서 영조가 감상한 공신 초상 중 대표적인 것이 '익안대군益安大君 영정'이다.

1746년 영조는 익안대군의 11대손 이정희李鼎熙를 궁궐로 불러 익안대군 영정을 친히 열람하며 일렀다. "익안대군의 상像이 아직까지 있을 줄 어찌 알았겠는가? 보고 싶은 마음이 깊어져 날을 꼽으며 기다렸는데 오늘 드디어 보게 되니 그 기쁨이 배가 된다"라고 감회를 되뇌며 그림 또한 꽤 잘 그린 솜씨라고 평했다.

익안대군 이방의李芳毅는 조선 왕조의 탄생과 개국 초 나라의 질서를 마련하는 데 공을 세운 공신이자 조선의 왕자다. 그는 태조와 신의왕후의 셋째 아들로 정종의 동생이자 태종의 형이다. 조선 개국을 소재로 한 사극에서 비중 있게 다루어진 적이 없는 만큼 대중에게 익숙한 인물은 아니다.

1398년 제1차 왕자의 난에서 이방원(태종)을 도와 난을 평정해 정사공신定社功臣에 책록策錄되었고, 조선 개국의 공을 뒤늦게 인정받아 같은 해 개국공신開國功臣에 추록追錄되어 공신 초상을 하사받았다.

영조가 감상한 것은 공신에 책록되었을 당시 제작된 것이 아닌 1734년에 다시 그린 이모본移摹本이었다. 원본이 아닌 이모본을 감상했던 것은 『익안대군 안양공실기』에서 연유를 찾을 수 있다.

1592년 임진왜란이 발발하자 한음漢陰(한양으로 추정)에 살던 익안대군의 7대 사손祀孫 이창영李昌榮과 온 가족이 익안대군의 신주와 영정을 등에 짊어지고 경기도 여주를 거쳐 강원도(간성 또는 원주 지역) 산악으로 피난을 떠났다. 전쟁의 피난길 속에서도 조상에 대한 공경의 마음과 후손들의 애틋한 노력으로 익안대군 영정은 다행히 유실되지 않았으나, 이후 오랜 세월이 지나면서 상태는 온전하

영조는 익안대군 영정을 보며,
"보고 싶은 마음이 깊어져 날을 꼽으며 기다렸는데 오늘 드디어 보게 되니
그 기쁨이 배가 된다"라고 하며 꽤 잘 그린 솜씨라고 평했다.
장득만이 그린 〈익안대군 영정〉.
(국립고궁박물관 제공)

지 못했던 것으로 보인다.

1734년 10대손 완계군 이만준李萬俊은 영정이 훗날 더욱 검게 되고 원래의 모습을 잃을까 염려하며 후손들과 뜻을 모아 장득만張得萬(『승정원일기』에는 장덕만張德萬으로 기록되었는데 둘 다 도화서圖畵署 화원으로 형제 관계다)에게 청해 그리고, 장황粧䌙(비단이나 두꺼운 종이를 발라 책이나 화첩, 족자 따위를 꾸며 만들다)해 구본舊本(공신 책록 당시 제작한 원본)과 함께 봉안했다. 이만준의 아들 이정희는 이때 새로 그린 익안대군 영정을 영조에게 보였던 것이다.

영조는 익안대군 영정의 여백에 직접 '익안대군 유상, 1746년 가을에 삼가 쓰다益安大君遺像 崇禎紀元後百三年 柔兆攝提季秋謹書'라는 어필 표제와 개국공신과 정사공신에 책록되었던 사실純忠奮義佐命開國元勳 洪武壬申 推忠協贊靖難定社錄勳 洪武戊寅을 짤막하게 기록했다.

이와 관련해 재미있는 에피소드가 『승정원일기』에 전하는데, 어필 표제를 쓰면서 그만 실수로 글자의 한 획을 더 넣어버린 것이다. 이에 당시 이모본 영정을 그렸던 화원 장득만에게 잘못 쓴 획을 고치게 하고자 했으나, 신하들은 화원이 감히 어필을 보완하는 것은 적절치 않다고 반대했고 결국 회장回粧(그림 주변의 비단 장황 부분)을 넓게 하여 실수로 넣은 획을 덮도록 조치했다.

그러나 또다시 영조의 옷소매에 묻은 먹이 그림에 옮겨 묻는 일이 발생했다. 다행히 익안대군의 상像에는 묻지 않았지만 먹 자국이 흠이 될 수 있기에 분으로 지우도록 명했다. 이에 신하가 오히려 더 번질까 염려하자 영조는 "정성이 있다면 쇠와 돌도 뚫는 것처럼 지워내지 못할 이유가 없다"라고 했고 결국에는 모두 지워냈다고 전해진다.

영정을 감상하면서 발생한 예기치 못한 두 차례의 실수 때문이었는지 본래 영정 장황의 상태가 좋지 않아서였는지 확실치 않지만, 영조는 새롭게 장황하고 영정을 넣는 함도 만들어 내리도록 명했다. 이때 사용하는 장황 비단 색과 무늬, 족자 축의 나무 종류, 보자기의 색까지 세세하게 지시했다. 또한 영정을 모실 수 있도록 영당影堂도 건립해주었고, 묘소에 승지를 보내 치제致祭했으며, 후손에게는 관직까지 주는 등 각별한 조치를 취했다.

이와 같은 일련의 조치들은 태조의 아들들이 왕위를 둘러싼 치열한 피의 다툼을 했던 것과 달리 익안대군은 유연한 성품으로 오히려 동생인 이방원의 편에서 그의 왕위 등극을 돕고 깊은 우애를 나누었던 것에서 이유를 찾을 수 있다.

영조는 이복형 경종의 뒤를 이어 왕위에 올랐으나 재위 초기인 1728년 이인좌李麟佐를 비롯한 소론은 영조가 숙종의 아들이 아니며 경종의 죽음에 관련이 있다고 주장하며, 밀풍군密豊君을 왕으로 추대하려고 했다. 이인좌의 난은 평정되어 곧 정치적 위기를 극복할 수 있었지만, 영조는 이 사건들로 인해 더 강력한 권위와 지지층이 필요하다는 것을 알게 되었다. 서화에 많은 관심을 가졌던 영조는 공신 초상의 감상을 통해 공신이 지닌 의미를 되새기고 초상화라는 시각적 이미지를 활용해 신하들의 충성심을 이끌어내고자 했던 것이다. 즉, 단순한 그림 감상이 아닌 치세治世를 위한 정치적 행위였다.

영조가 감상한 또 다른 공신 초상인 〈이지란 초상〉도 같은 맥락에서 이해할 수 있다. 이지란李之蘭은 이성계를 추대해 조선 창업에 공을 세우고, 이방원의 편에서 두 차례의 왕자의 난을 평정해 개국·정사·좌명佐命 삼공신에 책록된 인물이다. 〈이지란 초상〉이 후손의 집에 있다는 소식을 들은 영조는 초상을 가져오게 하여 친히 열람하고 공을 기리는 치제문致祭文을 지어 내렸다. 이지란은 태조와 의형제를 맺은 각별한 관계이자 개국 초기 혼란스러운 나라의 기틀을 정비하는 데 공을 세운 공신이었다.

왕권 강화에 심혈을 기울였던 영조에게 이지란은 충신의 표본 중 하나였을 것으로 짐작된다. 1624년 이괄李适의 난을 진압하는 데 공을 세워 인조에 의해 진무공신振武功臣

영조가 공신의 초상화를 감상한 것은 옛 공신의 모습을 본보기로 삼고
국왕과 나라에 대한 충성을 다짐받고자 했던 정치적 의도가 내포되어 있었다.
<이지란 초상>.
(경기도박물관 소장)

에 봉해진 정충신鄭忠信과 장만張晩의 초상을 감상하고 공
을 크게 평가한 것 또한 마찬가지다.

　왕이 내린 초상, 당대 최고 화원에 의해 그려진 공신 초
상은 공신에 책록된 당대뿐만 아니라 후대에 이르기까지
귀감이 되었고, 때로는 국왕의 정치적 목적으로 감상되기
도 했음을 영조의 여러 일화를 통해 알 수 있다.

시험을
채점해
상을
주다

이상백 (국립고궁박물관 학예연구사)

조선시대에는 관직 진출을 위한 과거 시험 외에 현직 관리의 문장력을 점검하기 위한 '응제應製' 시험도 실시되었다. 응제 시험은 임금의 특명으로 문신과 유생을 대상으로 실시되었는데, 문신은 1년에 네 차례 월과月課라는 이름의 정기적인 시험을 치러야 했고, 임금이 수시로 거행하는 시험에도 응해야 했다. 현직 문신이 작성한 시험지는 과거 시험과 같은 형식으로 작성되고 채점되었는데, 특히 정조대부터는 임금이 직접 시험지를 채점하기도 했다.

순조가 직접 채점한 신현申絢이라는 인물의 응제 시험지 여섯 점은 하나같이 흰 종이 위에 검은 먹으로 쓴 답안, 붉은색 안료로 굵고 힘차게 채점한 흔적, 노란 색지 위에 작성된 검은 글자까지 하나하나 화려한 느낌을 물씬 풍긴다.

이 시험지들을 유심히 살펴보면 같은 형식이 눈에 들어온다. 먼저 세로로 긴 직사각형의 시험지는 일곱 등분으로 접혀 있고, 오른쪽 상단에는 임금이 직접 시험지를 채점했다는 '어고御考'라는 글자가 쓰인 노란 색지가 붙어 있다. 색지 아래에는 시험 문제가 제시되어 있으며 두 번째 줄부터는 응시자의 답안이 기록되어 있다.

답안 위에는 빨간색 점과 '삼하三下'라는 큰 글씨가 적혀 있다. 시험지 우측 하단에는 응시자의 관직과 이름인 '우부승지 신현 제진右副承旨 申絢 製進(우부승지 신현이 지어서 올림)'을 쓰고 채점자가 확인할 수 없도록 종이를 세로로 잘라 돌돌 말아서 종이 끈으로 묶고 그 위에 '신근봉臣謹封(신하가 삼가 봉합니다)'이라고 써놓았다. 그리고 그 옆에는 작은 글씨로 시험을 친 일자와 시험 종류인 '응제'를 써놓았다.

신현이 쓴 답안 위에 큼직하게 찍힌 점들은 임금의 평가가 반영된 부분이고, '삼하'는 시험 점수다. 시험의 결과는 보통 9등급 또는 12등급으로 나뉘는데, 이 답안지의 주인인 신현은 하나같이 일상一上·중·하, 이상二上·중·하, 삼상三上·중·하, 차상次上·중·하의 등급 중 '삼하'라는 성적을 받았다. 즉, 12등급 중에서 9등급을 맞은 셈이다.

우측 하단에 작은 글씨로 작성된 시험 일자를 보면 각각 1807년 8월 15일, 8월 16일, 8월 21일, 8월 23일로 응제 시험은 하루에 끝나지 않고 며칠에 걸쳐서 시행되었음을 알 수 있다. 실제 이 시험 일자에 해당하는『승정원일기』의 기사를 살펴보면 시험 응시자인 신현은 승정원에 계속 출근하면서 임금에게 업무를 보고하고 있는데, 당시 응제 시험은 일상적 업무를 수행하면서도 별도로 응해야 했던 시험임을 알 수 있다.

이 시험지에는 여러모로 재미있는 특징이 보인다. 흰 바탕 위의 노란 색지와 붉은색 안료가 자아내는 색감, 임금이 채점한 흔적, 이름을 가리기 위해 종이를 말아서 끈으로 묶은 것 하나하나가 흥미롭다. 그리고 또한 우리가 흔히 생각하던 관직 진출을 위한 시험지가 아닌 현직 관리의 시험지인 점도 새롭다.

그런데 유독 눈에 들어오는 시험지가 있다. 바로 8월 15일에 치른 시험 답안지로『소학』의 한 구절인 '산에 가서 땔나무 하고, 물에 가서 고기 잡아, 부엌에 들어가 맛있

御考

或山而樵或水而漁入廚具甘旨上堂問起居 說

夫孝子之事親也小而口體之供奉大而志意之順適一於誠敬而不懈復
何勞苦之敢言撫育顧復恩莫重焉服勤就養職為大矣是以聖賢教
人孝為百行之原曲禮內則盡其節目之詳若曾子之必有酒食手足之百
里負米豈非人子之分所富為而後生之準以為濾者也苟非其道苟非其
義則三牲之養列鼎之食儀不及物奉無足稱矣嗟乎仙李之治敎休明董
生之行誼篤厚家貧觀老固窮守道出而耕稼則為此春酒之介壽歸而
讀書則酒有餘力之學文登山採薪以備炊爨之用入水釣漁爰供甘旨之資
至於衣服之間其寒煥食飲之節其饑飽起居於上堂之時洞屬於入廚之際
傀身之物無不備爲養志之道亦云至矣恭修子弟之職以安父母之心徵租
索錢縱有官史之日來狗乳難哺爭說奉感之所致此其秉彝之天豈非爲仁之
本若此者可謂能盡養體之道也可謂無愧順志之義也誠敬之無不足而勞苦
之能有餘也韓文公所以詠歌懿德而朱夫子所以特編善行也凡百君子敬以

丁卯八月十五日應製
臣申絢製

君懿承旨臣申絢製 進

시험지는 흰 바탕 위의 노란 색지와
붉은색 안료가 자아내는 색감, 임금이 채점한 흔적,
이름을 가리기 위해 종이를 말아서 끈으로 묶은 것이 흥미롭다.
신현이 1807년 8월 15일 응제 시험 때 작성한 답안지.
(국립고궁박물관 소장)

는 음식 장만하고, 마루에 올라가 문안드린다或山而樵 或水而漁 入廚具甘旨 上堂問起居'라는 글에, 응시자가 주어진 문체인 '설說'로 작성했다. 이 시험지는 다른 시험지와는 다르게 우측 하단에 작성된 날짜 옆에 작게 세 글자 '사맹자賜孟子 (맹자를 하사하다)'가 적혀 있다. 이 작은 글자가 의미하는 것은 무엇일까?

이 작은 글자에 대한 궁금증은 오래된 책 한 권에서 해소된다. 바로 순조가 1807년에 신하에게 하사한『맹자집주대전』이다. 순조가 신하에게 내려준 책인 내사본內賜本에는 표지 뒷면에 책을 받는 대상과 책 이름, 날짜 등의 내사기內賜記를 작성해두었다. 이 책 표지 이면에는 내사기가 기록되어 있고, 본문 첫째 면에는 임금의 하사품임을 상징하는 도장인 '규장지보奎章之寶'가 찍혀 있다. 그 내용을 살펴보면 다음과 같다.

"1807년(가경 12) 8월 16일 승사承史를 대상으로 한 응제, 설 문체의 시험에서 삼하를 받은 우부승지 신현에게『맹자』1건을 내사內賜하니, 은혜를 감사하는 절차는 그만두도록 하라. 대교待教 신하 박朴(이 글을 쓴 신하의 성, 서명)."

여기까지 글을 보았을 때, 이미 눈치 빠른 독자는 알아챘겠지만 이 책은 바로 신현이 친 응제 시험의 결과로 임금이 내려준 상이다. 시험지 하단에 작은 글씨로 기록된

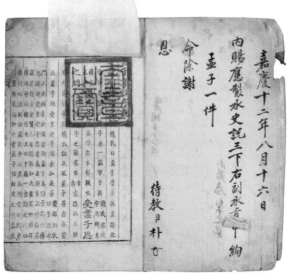

『맹자』는 신현이 친 응제 시험의 결과로 임금이 내려준 상이다.
이 시험에서 순조는 친히 점수를 매겼고,
시험을 친 신하에게 책까지 선물한 것이다.
(국립고궁박물관 소장)

'사맹자'의 '맹자'는 바로 이 책을 가리키는 것이다.

시험지와 책에 있는 단서를 하나하나 쫓다 보면 당시 상황을 조금 더 상세히 알 수 있다. 여러 날에 걸쳐서 진행된 응제 시험 중 1807년 8월 15일에는 승사(승지承旨와 사관史官)들을 대상으로 『소학』의 한 구절을 주고 설이라는 문체로 글을 짓게 했다.

이 시험은 조선시대 승정원의 사무 규정을 기록한 책인 『은대편고銀臺便攷』에 따르면, '승사응제承史應製'라고 불렸다. 보통 승지와 사관뿐만 아니라 현직 관리인 가주서假注書, 사변주서事變注書, 한림翰林, 겸춘추兼春秋도 함께 참여했던 시험이다.

이 시험에서 임금인 순조는 친히 점수를 매겼고 시험을 친 신하에게 책까지 선물했다. 시험지의 기록과 책의 기록에서 날짜가 하루 차이가 나는 것으로 보아 시험지는 제출한 당일 채점되었고 다음 날 바로 선물이 내려졌음을 알 수 있다. 순조가 친히 채점한 시험지와 부상으로 내린 책인 『맹자』는 신현의 집에서 보물로 귀하게 보관했을 것이다. 그리고 세월이 흘러 이 두 기록물은 세상에 흩어지게 되었고 오랜 시간이 지나 마침내 시험지는 세상에 알려지게 되었다.

그런데 신현의 응제 시험 답안지 중에 '사논어賜論語(논어를 하사하다)'라는 글씨가 적혀 있는 시험지도 보인다. 바로『맹자』를 하사받은 날인 8월 16일에 신현이 치른 시험 답안지다. 아마도 신현은 이 시험 답안으로 임금에게서『맹자』와 함께『논어』도 받은 것으로 보인다. 다만, 안타깝게도 아직까지 임금이 신현에게 내려준 내사본『논어』는 확인되지 않는다.

불서를
간행해
망자를
기억하다

● 이상백 (국립고궁박물관 학예연구사)

조선은 유교를 숭상하고 불교를 억제한다는 '숭유억불'을 기본 통치 이념으로 표명했다. 하지만 고려시대부터 이미 온 나라에 깊게 뿌리내린 불교의 전통은 쉽사리 사라지지 않았다. 특히 사람의 힘으로 어찌할 수 없는 죽음의 영역에서는 불교가 절대적으로 중요한 역할을 했다. 조선 초기 왕실에서도 종교로서 불교를 쉽게 버리지 못했다. 불교 경전 간행은 조선 초기 왕실의 대표적인 신앙 활동이었다.

책은 일반적으로 그 책을 읽는 대상, 즉 독자를 염두에 두고 간행된다. 하지만 신앙 활동으로서 불교 경전 간행은 행위 그 자체에 의미를 두었다. 이는 '법보신앙法寶信仰'이라고 하여 경전 간행을 신앙 행위와 동일시하는 경우가 많았다. 조선 초기 왕실에서도 복을 구하거나 죽은 이를 추모하는 등 다양한 이유로 불서佛書를 간행했다.

불서 간행은 국왕에서부터 왕후, 비빈, 후궁 등에 이르기까지 왕실 인물의 주도로 성행했다. 현존 불서에서는 국왕, 왕후, 공주, 후궁, 대군 등의 불서 간행 주도와 시주 사실이 확인된다. 왕실에서 간행한 불서에는 보통 서문과 발문 등에 불서 간행 배경을 보여주는 발원문이 수록된다. 특히 죽은 이를 기리기 위해 간행한 불서에는 당시 간행을 주도한 자의 정성스럽고도 지극한 마음이 담겨 있다.

1464년 세조가 꿈에서 선왕인 세종과 세상을 떠난 아들인 의경세자(덕종)를 만나고 간행한『금강반야바라밀경언해』, 1469년 세종의 둘째 딸인 정의공주貞懿公主가 세상을 떠난 남편의 명복을 빌며 간행한『지장보살본원경』, 인수대비가 1472년 세상을 떠난 남편 덕종의 유모였던 박씨의 죽음을 슬퍼하며 간행한『묘법연화경』과 1482년 28세의 나이로 세상을 떠난 외동딸 명숙공주明淑公主의 명복을 빌기 위해 간행한『묘법연화경』등이 대표적이다. 조선 초기 왕실 발원으로 간행된 불서 대부분은 이처럼 세상을 떠난 가족을 기리는 조선 왕실의 모습을 담고 있다.

조선 초기 왕실의 불서 간행은 왕후들 사이에서 특히 활발했다. 그 전통은 대를 이어 계속되었다. 세조 비 정희왕후, 덕종 비 인수대비, 예종 계비 안순왕후, 성종 계비 정현왕후가 상당 양의 불서를 간행했다고 알려져 있다. 인수대비는 무려 38종 1,000책이 넘는 불서를 간행했다고 전해진다. 왕후가 간행을 주도한 불서는 국내 박물관과 도서관 등에 소장되어 있으며 대부분 문화재적 가치가 높아 보물, 시·도 문화재 등 중요 문화재로 지정되어 있다.

국립고궁박물관에는 죽은 이를 기리기 위해 왕후가 주관해 간행한 불서 3종이 있는데, 『지장보살본원경』이 그중 하나다. 1474년 4월 19세에 세상을 떠난 성종의 왕비 공혜왕후의 명복을 빌기 위해 간행한 불서다. 공혜왕후가 세상을 떠난 다음 달인 5월에 정희왕후와 인수대비 등이 주도해 간행했다. 왕실 재정을 관리하던 내수사에서 자금을 내고, 왕실에서 책을 간행할 때 참여했던 이름난 각수刻手(글씨를 새기는 사람)들이 동원되어 간행한 불서라고 전해진다.

『육조대사법보단경』은 1494년 성종이 승하하자 그다음 해에 성종 계비 정현왕후와 어머니 인수대비가 성종의 명복을 빌기 위해 간행한 불서다. 정현왕후와 인수대비가

『지장보살본원경』은 정희왕후와 인수대비 등이
세상을 떠난 성종의 왕비 공혜왕후의 명복을 빌기 위해 간행한 불서다.
『지장보살본원경』에 실린 <변상도變相圖>.
(국립고궁박물관 소장)

직접 주도해 한자·한글 목활자를 만들어 펴낸, 다량의 불서 중 1종이라는 점에서 가치를 인정받고 있다.

『육경합부』는 『지장보살본원경』·『육조대사법보단경』과 비슷한 시기에, 비슷한 목적으로 간행되었는데 외부에 가치가 알려지지 않은 불서로 국내 유일본이다. 1474년 세상을 떠난 청천부원군 한백륜韓伯倫의 명복을 빌기 위해 그의 딸이자 예종 비인 안순왕후 주도로 간행된 불서다. 『육경합부』에는 『금강반야바라밀경』 등 여섯 가지 경전이 수록되어 있다.

『육경합부』는 여러 종이 전해지는데, 1472년 인수대비가 세조, 덕종, 예종, 인성대군(예종의 첫째 아들) 등의 명복을 빌기 위해서 간행한 불서가 널리 알려져 있다. 인수대비가 간행한 『육경합부』는 1440년 화악산華岳山의 영제암永濟菴이라는 곳에서 목판으로 찍어낸 경전에 조선 전기 문신 김수온金守溫이 당시 간행 배경을 글로 써서 금속활자인 갑인자甲寅字의 작은 자로 찍어내 간행했다. 1474년 안순왕후가 간행한 『육경합부』는 영제암에서 목판으로 인쇄한 경전에 김수온이 쓴 발문을 갑인자의 큰 자로 찍어서 낸 것이다. 김수온이 쓴 발문은 해당 불서를 간행한 배경을 상세히 담고 있다.

"1474년(성화 10) 여름 5월 초 3일 청천부원군 한공

(한백륜)이 세상을 떠나서, 우리 왕대비 전하께서 애도함이 끝이 없었다. 무릇 염빈斂殯(시체를 염습해 관에 넣고 안치하다) 및 상제喪祭와 관련한 일은 반드시 정성스럽고, 반드시 신실하게 하여 후회하는 바가 없어야 하니 유명을 천도하는 방법은 불씨에 의지하는 일만 한 것이 없다고 거듭 들으셨다. 부처는, '경전을 진실로 능히 서사書史하고 인출印出하면 그 뛰어난 공덕은 부처를 섬기는 것과 다름이 없다'라고 하셨다. 이에 명하기를 중궁의 내탕에서 돈을 내어 비용을 삼아 「미타팔대보살」 1탱幀을 그리고, 『묘법연화경』 7건, 『지장보살본원경』 7건, 『참경懺經』 7건, 『육경합부』 7건을 인출하도록 했다. 그리고 장황과 장식을 매우 엄격하고도 아름답게 하여 승려와 속인들에게 반포해 부원군의 명복을 비는 바탕으로 삼고자 하셨다. 신이 생각건대, 부모가 자식을 사랑함과 자식이 부모에게 효도함은 하늘의 이치이고 땅의 의리이며 상하에 통달하는 도다. 우리 왕대비 전하께서는 부모께서 길러주신 은혜를 생각하고 생사가 영원히 멀어지는 이치를 슬퍼함에 그 정성이 이르지 않음이 없으셨고, 염려함이 두루 미치지 않음이 없으셨다. 그리하여 대법보大法寶를 이루어 인간과 천상의 중생들에게 널리 안목이 되게 하셨으니, 그 공덕의 큼이 위로는 반드시 부원군의 영에 미치어 극락을 초월하고 열반의

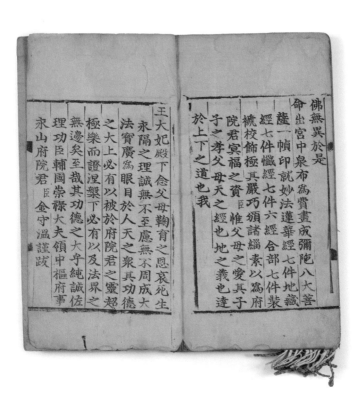

佛無異於是
命出宮中泉布爲費畫成彌陀八大菩
薩一幀印就妙法蓮華經七件地藏
經七件懺經七件六經合部七件裝
梳校飾極其嚴巧須諸緝素以爲府
院君冥福之資惟父母之愛其子
子之孝父母天之經也地之義也達
於上下之道也我

王大妃殿下念父母鞠育之恩哀死生
永隔之理誠無不至應無不周成大
法寶廣爲眼目於人天之衆其功德
之大上必有以被於府院君之靈超
極樂而證涅槃下必有以及法界之
無邊矣至哉其功德之大夫純誠佐
理功臣輔國崇祿大夫領中樞府事
永山府院君臣金守溫謹跋

1474년 안순왕후가 간행한 『육경합부』는 책장을 넘길 때 손상되지 않도록
종이를 꼬아 끈을 만들어 책의 하단부 모서리에 달아놓았다.
『육경합부』 중 김수온의 발문.
(국립고궁박물관 소장)

경지가 되며, 아래로는 반드시 끝없는 법계法界에 미칠 수 있게 하셨다. 지극하구나, 그 공덕의 큼이여! 김수온이 삼가 발문을 쓰다."

이 발문의 내용을 살펴보면, 한백륜이 세상을 떠나자 안순왕후가 아버지의 명복을 비는 가장 큰 일이 부처에 의지하는 것임을 듣고 「미타팔대보살」 1 탱을 그리고, 『묘법연화경』 7건, 『지장보살본원경』 7건, 『참경』 7건, 『육경합부』 7건을 간행하게 하여 널리 전해 아버지가 열반에 이를 수 있도록 기원했음을 알 수 있다. 이 불서는 당시 간행한 7건의 『육경합부』 중 1건이다. 이 불서에는 책 한 장 한 장을 넘길 때 손상되지 않도록 종이를 꼬아 만든 끈이 책의 하단부 모서리에 달려 있다. 이는 간행 당시에 부착했는지는 알 수 없다.

550여 년 전 단 7건만 간행된 불서 중 1건을 이렇게 직접 볼 수 있으니 감회가 남다르다. 불서를 간행해서라도 아버지의 명복을 기리고자 한 안순왕후의 마음은 어떠했을까? 발문을 보고 있자니 그 절절한 마음이 느껴진다.

교묘한 기억보다
서투른 필기가
낫다

박경지 (국립무형유산원 학예연구사)

'좌우명'이라는 말이 있으니, 바로 늘 지내는 자리 곁에 새겨둔다는 말이다. 삶의 신조로 삼고 싶은 유명한 경구들을 좌우명으로 고르는 경우가 많다.

조선 국왕들에게도 좌우명이라 할 것이 있었을까? 성종에게는 비슷한 것이 있었다. 성종은 갑작스럽게 사망한 숙부 예종의 뒤를 이어 13세의 나이에 왕위에 올랐다. 비록 태어나서부터 왕위를 이을 후계자로 길러진 것은 아니었으나, 일단 왕위에 오르자 모범적인 태도로 1일 3강의 경연에 야대夜對(왕이 밤중에 신하를 불러 경연을 베풀던 일)까지 행하고, 조회나 제사 등의 스케줄을 빼곡히 채워 수행해냈다.

그를 더욱더 완벽한 유교적 성군으로 만들어내기 위한 노력에 신하들도 동참했다. 신하들은 성종에게 좋은 말을 자리 곁에 써 붙여두고 보시라고 권하고, 자리 주위에 두어 방에 들고 날 때마다 보시라며 병풍과 걸개 따위를 선물했다.

옛 성군의 마음가짐을 담은 유교 경전인『시경』빈풍편의「칠월시」나『서경』무일편의 구절이 주 레퍼토리였다.「칠월시」는 고대 중국의 주나라에서 나이 어린 성왕이 즉위하자 숙부인 주공周公이 섭정攝政이 되어 성왕을 보필하면서 옛 선조들의 교화를 담아 지어준 시라고 한다. 백성이 길쌈하고 사냥하며 농사짓고 집을 지어 해마다 삶을 고되게 지탱해감을 노래해 집과 옷과 먹을 것이 모두 쉽게 얻어지지 않음을 보여준다.

무일편에서 주공은 더욱 직설적인 화법으로 임금이 편안하게 놀지 말 것을 훈계했다. "그 뒤로 즉위하는 왕들이 태어나면 편안했기 때문에 농사일의 어려움을 알지 못하며, 백성들의 수고로움을 듣지 못하고 오직 즐거움에만 빠졌습니다"라고 역대 왕들이 안일에 빠져간 것을 들어 성왕을 경계했다. 즉, 이들 경전은 통치자가 백성이 생업에 얼마나 고생하는지를 깨달아 나태해지지 말아야 한다는 교훈을 담고 있다.

조선은 왕위 계승 후보자끼리 자유경쟁을 시키는 나라가 아니었다. 미리 세자를 책봉해 후계 구도를 안정시키는 것을 선호했다. 그러니 조선의 왕은 대개 '태어나면 편안한', 고귀한 존재로 떠받들려 자라게 마련이었다. 그래서 왕위를 물려받기 전부터 교육에 공을 들여 재목을 키웠고, 왕위에 오른 뒤에도 경연 같은 여러 가지 방법으로 올바른 심성을 기르도록 노력했다. 그야말로 주입식 성군 교육이었다.

아무리 절박한 일이라도 하루도 해이해지지 않고 마음에 새기기는 쉽지 않다. 하물며 목전의 안락함을 외면하고 부지런히 일하라는, 인간의 본성에 반하는 훈계를 알아서 실천할 리가 있으랴. 그러니 시선이 닿는 가까운 곳에 써 붙여두고, 눈에 띌 때마다 보고 반성하는 계기로 삼게 하려는 것이었다.

경전에 나오는 글귀를 종이에 써서 벽에 붙이고, 병풍에 써서 거처에 세워두고, 또 그림으로도 그렸는데, 이런 〈빈풍칠월도豳風七月圖〉나 〈무일도無逸圖〉 등의 그림은 조선 왕조 궁중 감계화鑑戒畵(감계와 교화를 목적으로 제작되어

유교 경전에는 통치자가 백성이 생업에 얼마나 고생하는지를 깨달아
나태해지지 말아야 한다는 교훈이 담겨 있다.
『시경』「칠월시」의 내용을 그림으로 구성한 〈빈풍칠월도〉.
(국립중앙박물관 소장)

널리 활용된 그림)의 전통을 이루었다.

성종 자신 또한 교훈될 만한 글을 아껴서 주위에 써 붙이는 성격이었는데, 보필하던 신하들도 잘 알고 있었던 듯하다. 성종 초년에 도승지를 역임한 뒤 경상도 관찰사로 승진한 유지柳輊라고 하는 인물이 있었다. 유지는 1469년부터 1476년 3월까지 7년에 가까운 시간 동안 승정원에 몸담았던 성종대 최장수 승지였으니 성종의 측근이라 할 것이다. 유지가 경상도에 부임한 뒤에 '십점소十漸疏' 병풍을 해다 바친 일로 대간의 탄핵을 받은 적이 있었다. 십점소는 당 태종이 집권한 뒤 점차 마음이 해이해지자 위징魏徵이 10가지 조항을 들어 경계한 글이다. 좋은 글을 써서 보냈는데 탄핵을 받은 이유는 무엇일까? 그 탄핵의 이유는 이러했다.

"유지의 마음은 충성에서 나온 것이 아니고 환심을 사기 위한 행위입니다. 유지는 일찍이 승정원에 있으면서 전하께서 유희나 사냥을 좋아하지 않으심을 익히 보았으므로, 이런 것으로는 전하의 환심을 살 수가 없고 오직 경계가 되는 잠언이라야 맞으리라고 생각한 것입니다. 그래서 공물 외의 물건인데도 서슴지 않고 사적으로 바친 것입니다."

병풍 같은 것들은 신하들이 만들어 바치는 경우도 많

았지만, 성종도 스스로 통치에 보탬이 될 것 같은 글을 곁에 걸어두고 보았다. 『성종실록』에는 이런 일화가 많은데, 교훈적인 상소를 받자 감동한 성종이 바로 상소문을 장황해 올리라고 하면서, 상소를 올린 대간에게는 "늘 자리 곁에 두고 드나들 때마다 보고 반성하겠으며, 경들의 임금을 사랑하는 정성을 잊지 않겠다"며 크게 칭찬하고, 쌀쌀하니 몸을 덥히라며 술까지 내려주었다. 또, 경연에서 "시작이 없는 경우는 없지만 마무리를 잘하는 일은 드물다靡不有初鮮克有終"는 경구를 판에 써서 자리 곁에 두라는 권유를 받자, 이미 침실에 판을 설치해두었으며, 옛 사람의 경계하는 말을 병풍에 써서 보고 있다고 대답하기도 했다.

성종의 재위 26년간 늘 이런 식이었으니, 치도治道를 열심히 강구하던 성종의 침전 환경이 어떠했을는지 쉽게 상상해볼 만하다. 이것저것 붙이고 걸어놓았을 테니 고즈넉한 여백의 미 따위는 없었으리라.

한편, 만기萬機를 보살피는 국왕의 격무 중에 기억을 돕는 자신만의 방법을 가졌던 왕도 있었다. 조선 왕조 최고의 모범생 아버지와 형을 두었던 세조에게는 자신의 업무 효율을 높이기 위한 나름의 비법이 있었는데, 그것이 바로 집무실 화이트보드 활용이었다.

세조가 쓴 물건은 '분판'이라고 하는 것으로, 판자에

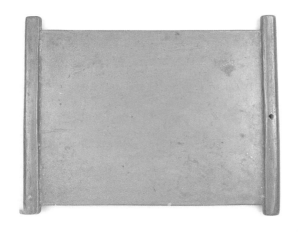

세조는 자신의 업무 효율을 높이기 위해 먹이 흡수되지 않도록 만들어
글씨를 쓴 뒤 물걸레로 닦아내는 습자용 분판인 화이트보드를 애용했다.
(국립민속박물관 소장)

방수성의 분을 개어 발라 잘 말려서, 그 위에 먹으로 메모를 한 다음 물걸레로 닦아내는 것이다. 흔히 서당에서 글씨 연습용으로 사용되었던 물건이다. 세조는 이 노하우에 상당한 자신감이 있었던 모양이다. 하루는 승정원 승지들을 불러다 분판 활용을 강력히 추천했다.

세조는 분판을 자리 곁에 두고, 생각날 때마다 바로 기록하는 습관이 있었다. 어느 날은 옻나무 재배·가축 사육·뽕나무 재배 등 10여 가지를 써놓고, 승정원에 보여주면서 산업을 권장하는 방법을 의논했다. 그러면서, "이것이 내 기사판記事板이다. 교묘한 기억보다 서투른 필기가 나은 법이다巧記不如拙書. 승정원에도 이 물건이 있는가?"라고 물었다고 한다.

사실 세조가 이렇게 신하들을 불러다 필기 습관을 추천한 까닭이 있었다. 승정원에 갓 들어온 동부승지 김수녕金壽寧이 분판을 들고 메모를 하다가 선배 승지에게서 "암기를 할 일이지 무엇하러 이런 판을 쓰고 있느냐"고 무안을 당한 적이 있었다. 그런데 왕이 나서서 분판 사용을 추천하니 도리어 선배의 말문이 막혀버리고 말았다.

당시 문과에 급제한 엘리트라면 암송에 익숙했을 테니 간단한 사항은 바로 외워 나오는 것이 마땅했겠으나, 생각의 실마리조차 놓칠까 하여 늘 메모하는 습관을 가진 임금

밑에서 일하다 혹 지시사항을 흘려버리기라도 한다면 심각한 일이 벌어지지 않았을까? 어쨌든 사람의 기억력에는 한계가 있으니까 대비를 해야 한다. 그렇다면 세조가 말했듯이, 교묘한 기억보다 서투른 필기가 낫겠다.

인장에
즐거움을
새기다

박경지 (국립무형유산원 학예연구사)

수집은 인류사의 동서고금을 통해서 흔히 보이는, 어쩌면 인간의 본성과 맞닿아 있는 행위다. 수집은 사물을 소유하는 한 가지 형태지만, 재화의 축적이나 단순한 저장 강박과는 구분된다. 수집가는 일반적인 소유자와는 달리, 물건 본연의 도구적 기능은 오히려 부차적으로 생각하며, 수집품의 질과 그것이 자신에게 갖는 의미를 더욱 중시한다. 수집 과정에서 수집가는 수집품에 사적인 가치를 부여한다. 수집가의 컬렉션에 대한 애착에서 나오는 쾌락이 수집을 지속해나가는 동력이다.

헌종은 서화와 전각篆刻 애호가로 알려져 있다. 전각은 나무, 돌, 옥 등에 전서체篆書體를 새겨 인장을 만드는 것을 뜻한다. 인장을 만드는 예술이라 볼 수 있다. 인장 수집은 조선의 왕이 탐닉할 만한 고상한 취미였다.

헌종은 자신을 나타내는 자호自號와 별호別號를 새긴 인장뿐만 아니라 수장인收藏印(소장한 도서나 서화에 찍는 인장), 감정인鑑定印(서화 등의 감정과 관련된 인장), 서간인書簡印(봉투를 봉하고 찍는 인장), 명구인名句印(좋은 글귀를 새긴 인장) 등 각종 인장을 제작하고 모았다. 수집한 인장은 700방이 넘었다. 때로는 직접 만들기도 했던 듯하다. "원헌(헌종의 호) 손수 새김元軒手拓"이라고 새겨진 인장이 바로 헌종이 직접 쓰고 새긴 작품일 것이다.

19세기 조선에서는 청나라 문화의 영향으로 고증학과 금석학과 전각에 대한 관심이 높았으며, 헌종은 여기에 대단한 열정을 가지고 있었다. 특히 그가 추사 김정희의 스승으로 유명한 청나라 서예가 옹방강翁方綱의 팬이었음은 잘 알려져 있다. 옹방강의 당호인 '보소당寶蘇堂' 편액을 창덕궁 낙선재에 걸어놓고 자신의 당호로 썼으며, 수집한 인장의 카탈로그를 편찬하면서 그 제목도 『보소당인존寶蘇堂印存』이라고 붙일 정도였다. 이 『보소당인존』을 들추어보면, 애장품의 면면에서 헌종의 생각을 엿볼 수 있다.

헌종은 22세에 사망한 아버지인 효명세자와 마찬가지로 젊은 나이에 요절한 문예 청년이었다. 1830년 아버지 효명세자가 죽고 왕세손이 되었다가, 1834년 할아버지 순조의 뒤를 이어 8세에 즉위했는데, 조선의 왕 중에서 가장 어린 나이에 즉위했다. 15년간 왕위에 있었지만, 헌종이 세상을 떠날 때의 나이는 23세밖에 되지 않았다.

한 나라의 군주였지만, 그가 추구한 행복은 부귀영화에 있지 않았다. 그의 인장에 새겨진 "좋은 붓과 벼루는 인생의 한 기쁨이다筆硯精良人生一樂"는 글귀에서 그의 소박한 즐거움을 엿볼 수 있다. 그는 그저 "글씨와 더불어 스스로 즐겼다翰墨自娛"고 했다.

그는 대부분의 시간을 궁궐 안에서 국왕의 일상을 쳇바퀴 돌듯 살아가면서, 서화와 전각을 통해 옛 사람을 만나고 먼 곳의 명사와 교유하는 체험을 했다. "금석으로 사귐金石交", "천하의 선비들과 벗함友天下士", "문자로 맺은 인연文字因緣"과 같은 글의 서화 수장인을 보면, 비록 자신은 궁궐 안에 있으나 멀리 제주의 유배지에 있는 추사 김정희, 북경에 있는 옹방강과도 마음을 나눌 수 있다는 기쁨이 느껴진다.

"옛 사람의 책을 읽다讀古人書", "옛 사람을 생각한다我

헌종은 700방이 넘는 인장을 수집했으며, 자신이 직접 만들기도 했다.
2014년 버락 오바마 대통령이 방한했을 때 반환한
헌종의 인장 쌍리(위)과 우천하사(아래).
(국립고궁박물관 소장)

思古人", "마음으로 사모하고 손으로 따른다心慕手追"는 장서인藏書印에서는 책을 읽고 필자와 시대를 넘어선 교감을 바라는 마음을 느낄 수 있다. 어쩌면, 좋아하는 서예가의 필첩筆帖을 앞에 두고 따라 쓰면서 즐거워했을 수도 있다.

헌종이 애장했던 인장에는 김정희나 옹방강과 같이 그가 좋아했던 서예가들의 흔적이 많이 보인다. 당시에는 옛 사람이나 동시대 명사들의 인장을 본받아 만드는 일도 많았기 때문에, 헌종도 청나라의 옹방강, 그 학맥과 관련된 보소당·홍두紅豆·향소관香蘇館, 김정희와 관련된 척암惕闇 등의 인장을 많이 가지고 있었다. 『보소당인존』에는 헌종의 어휘御諱(임금의 이름)를 새긴 인장(신환인신臣奐印信)과 자를 새긴 인장(문응文應)도 있는데, 어휘인과 어자인御字印은 딱 하나씩만 있다.

경제적 가치와 실용성을 넘어 수집가의 눈에 애장품이 소중해 보이는 것은, 다른 사람의 눈에는 보이지 않는 자신만의 의미가 담겨 있기 때문이다. 수집품들은 수집가 자신을 머나먼 세계와 이어주며, 수집가를 평범한 일상생활에서 탈출시켜주는 마법과 같은 물건이다. 이런 수집가의 심리를 '자기 선물주기self-gifting' 개념으로 설명하기도 하는데, 헌종의 인장들에 아주 들어맞는 설명인 것 같다.

한편, 보소당 인장의 실물은 궁궐 화재로 많이 소실되

었다. 2014년 4월, 미국의 버락 오바마 대통령이 한국을 방문하면서 국새와 왕실 인장 등 아홉 점을 반환했는데 이 중에 향천심정서화지기香泉審定書畫之記, 우천하사友天下士, 쌍리雙螭 등 헌종의 인장 다섯 점도 포함되어 있었다. 이 인장들은 모두 『보소당인존』에 찍혀 있는데, 실물 인장이 돌아온 것이다. 이들은 몸체에 다채로운 문양이 새겨져 있고 소재도 옥이나 금동 등의 고급 재료여서, 후대의 모각본模刻本이 아니라 헌종이 가졌던 원본으로 보인다.

이렇게 수집한 인장들에 대한 헌종의 애정을 잘 보여주는 물건이 바로 그것을 보관했던 서랍장인 '보소당인존장'이다. 이것은 각 120센티미터 높이의 목제 서랍장 한 쌍으로, 각각 10개씩의 서랍이 들어가도록 되어 있다.

그런데 이것은, 그냥 두 대의 서랍장이 아니라 바로 두 권의 인보印譜다. 책을 서랍장으로 만든 것이다. 서랍장 문짝이 목차요, 각 서랍장이 장과 절이다. 첫 번째 서랍장에는 전집前集, 두 번째 서랍장에는 후집後集이라고 새겨져 있으며 책에 실린 순서대로 인장을 번호 매겨 보관했다.

서랍장 문 안쪽에 붉은색 종이를 붙여 "전집 제1층, 제1방부터 제40방까지 합 40방", "전집 제2층, 제41방부터 제100방까지 합 60방"처럼 정리해놓은 것이다. 『보소당인존』으로 일목요연하게 만들고, 다시 보소당인존장을 열

보소당인존장은 헌종이 얼마나 인장을 사랑했는지 알 수 있게 한다.
그 안에는 헌종이 인장을 가지런히 정리해놓았을 정도로 애지중지했다.
(국립고궁박물관 소장)

면 그 안에 아끼는 인장을 가지런히 정리해놓았으니 얼마나 애지중지한 것인가?

아마도 이 보소당인존장은 헌종의 기쁨이 담긴 보물 상자였을 것이다. 보소당인존장이 기울어져도 서랍이 쏟아지지 않도록 만들어진 서랍장의 턱과 옥이며 마노瑪瑙 같이 귀한 재료로 만든 인장에 혹여나 흠이 날까 서랍 안의 사면을 쿠션으로 둘러놓은 정성에서 젊은 임금의 애착을 볼 수 있다. 인장의 글귀를 보니 그가 이렇게 속삭이는 것 같다. "밖의 사람에게 말할 만한 것이 못 된다不足爲外人道也."

이 말은 원래 도연명陶淵明의 「도화원기桃花源記」에 나온다. 우연히 강물을 따라 도원을 방문해 즐거운 시간을 보내다 떠나려는 사람에게, 밖에 나가거든 도원에 대해 알리지 말라고 한 말이다. 서화와 전각에 둘러싸여 오직 혼자만의 즐거움을 누렸던 곳, 보소당이 헌종의 무릉도원이었던 셈이다.

청나라를
동경하다

손명희 (국립고궁박물관 학예연구관)

1637년 인조가 삼전도에서 청나라 태종에게 머리를 조아리며 항복한 사건은 조선 왕조 최대의 굴욕이었다. 이후, 조선은 겉으로는 청의 여러 요구에 따르는 척했으나 내부적으로는 복수를 다짐하며 청나라를 정벌해 명나라를 회복시키자는 북벌론北伐論을 추진했다.

청나라를 적대시하던 분위기는 18세기 들어 변화를 보인다. 당시 외교 사절인 사신의 일행으로 북경에 갔던 조선 관료와 문인들은 비교적 자유롭게 북경 시내를 방문하고 청나라 관리나 학자들과 교류했다. 강희제에서 건륭제를 거치며 동북아시아의 강자로 영향력을 확대하고 경제적·문화적 번영을 구가한 청나라의 실상을 체험한 이들을 중심으로 선진 학문과 문물을 수용해 조선을 부강하게 하자는 북학론北學論이 대두되었다.

사신들이 구해 가져오거나 보고 듣고 경험한 청나라의 선진 문물과 학문의 경향은 조선 왕실에도 전해졌다. 정조가 건륭제의 『사고전서四庫全書』 편찬 소식을 듣고 사신들에게 이를 구해오도록 명했으나 결국 실패하고 대신 옹정제 때인 1725년에 완성한 『고금도서집성古今圖書集成』을 그 원본 격에 해당한다며 구입한 일화는 청나라의 학술 동향 정보와 이를 손에 넣으려는 조선의 관심과 노력을 잘 보여준다.

서학과 북학이라는 국제 문화는 조선에서 고급 취향으로 수용되어 민간으로 확산하며 책가도册架圖(책거리도)라는 조선 후기 문화를 표상하는 시각미술을 탄생시키기도 했다. 18세기 중반 무렵 북경 사행使行을 통해 전래된 책가도는 서양인 선교사들을 통해 확산된 서양화법을 사용해 중국식 서재를 그린 그림으로, 고동서화와 문방청완文房淸玩(서재에 향을 피우고 밝은 창 맑은 책상 아래 옛 글씨와 그림, 잘 만든 좋은 문방구를 완상하다) 취미의 유행과 함께 조선 후기 궁중 회화와 민화의 대표적 화제畫題로 발전했다.

정조는 책가도의 발달과 유행, 민간 전승에도 많은 영향을 끼쳤다. 강관식 교수의 연구로 알려졌듯이 정조는 국왕 직속 화원 기구인 규장각 자비대령화원差備待令畫員(도화서 화원 중 실력이 출중한 10명을 선발해 왕의 지시로 이루어지는 왕실의 중요한 도화 활동을 최우선적으로 전담시키기 위한 제도)을 만들고 이곳에 소속된 화원들을 시험하는 녹취재祿取才에 '책가(책거리)' 화제를 종종 출제해 당대 확산되던 책가도의 발달을 주도했다.

편전에 입시한 대신들에게 어좌 뒤에 펼쳐놓은 책가도를 보여주었다는 『홍재전서弘齋全書』의 기록은 정조의 책가도에 대한 관심과 기호를 알려준다. 정조는 입시한 대신들에게 어좌 뒤 서가가 진짜가 아닌 그림이라고 말하며, 정자程子(송나라의 유학자 정호程顥와 정이程頤 형제)의 "비록 책을 읽지는 못하더라도 서점에 들어가서 책을 만지기만 해도 기쁜 마음이 샘솟는다"라는 말에 공감해 평소 좋아하는 책들의 표제를 쓴 서적이 놓인 책가도를 제작했음을 밝힌 바 있다. 진짜가 아닌 그림이라고 한 정조의 언급에서 해당 책가도가 투시도법과 명암법으로 대표되는 서양화법으로 묘사되었음을 추측할 수 있다. 정조가 신하들에게 보여준 책가도는 아쉽게도 전해지지는 않는다.

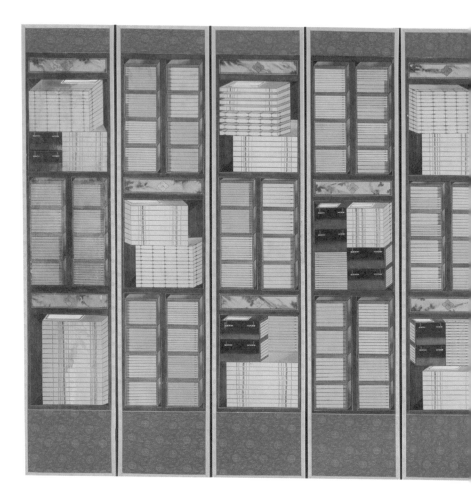

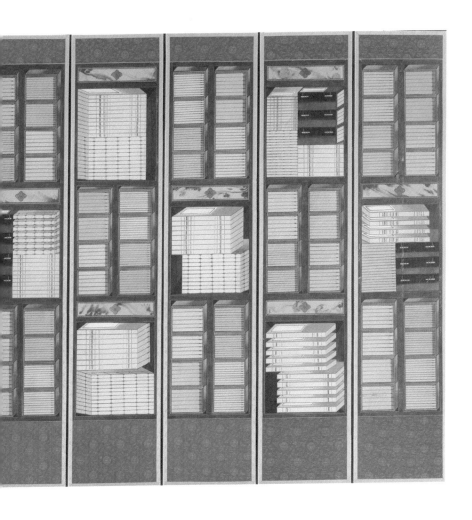

정조는 대신들에게 책가도를 보여주기도 하고,
평소 좋아하는 책들의 표제를 쓴 서적이 놓인 책가도를 제작하기도 했다.
조선 후기에 제작된 〈책가도〉 10폭 병풍.
(국립고궁박물관 소장)

순조의 적통 왕세자로 정조대 문예부흥의 토양 속에서 배출된 탁월한 문신들의 보좌를 받으며 성장한 효명세자는 청나라의 선진 학문과 문물 향유에 적극적이었다. 그의 대리청정 기간에 제작된 〈동궐도〉에 묘사된 수많은 궁궐 전각 가운데, 벽돌벽에 둥근 창이 난 이국적인 건물이 자리하고 있어 주목된다. 이 벽돌 건물은 효명세자의 처소인 연영합 서쪽에 있는데 중앙에는 문화각文華閣, 동편에는 수방재漱芳齋라는 편액이 걸려 있다.

수방재는 건륭제가 연회를 열고 연희를 즐기던 건물로 자금성 중화궁重華宮 동쪽에 있었으며, 이곳에서 황제가 조선의 사신을 만나기도 했다. 문화각은 자금성의 정전인 태화전 희화문熙和門 밖에 있는 전각으로 황제의 경연이 이루어지는 등 문한文翰과 관련된 공간이었다. 두 건물은 북경을 다녀온 사신들이 귀국 후 왕에게 보고한 실록의 기사와 개인 문집 등에서 종종 언급되고 있다.

수방재와 문화각이라는 편액이 걸린 청나라 전각을 모방한 건물은 직접 그곳을 방문할 수는 없지만, 청나라의 궁궐 문화를 조선의 궁궐 한가운데에서 몸소 즐기고자 한 효명세자의 취향과 선진 문화에 대한 동경을 엿보여준다. 이러한 효명세자의 청나라 문화에 대한 기호는 사행을 통해 선진 문화를 체험하고 국제 문화예술 취향의 수용과 유행을 주도했던 인물들이 그의 주변에 있었던 점이 많은 영향을 미쳤을 것이다. 그중에서도 주목되는 인물이 바로 조선 말기 문예를 주도한 김정희다.

김정희는 젊은 시절 아버지인 김노경을 따라 사행에 참가해 청나라의 저명한 노학자이자 관료인 옹방강과 만남을 가질 수 있었다. 이후, 두 인물을 중심으로 한중 지식인의 교류가 확대되었다. 1810년 김정희가 옹방강과 인연을 맺고 돌아온 뒤, 한양 문인들 사이에서 옹방강에 대한 이야기가 회자되었으며 사행을 가는 문인들은 옹방강을 만나고자 노력했다.

1812년 사행을 간 신위 또한 김정희의 소개로 옹방강을 만나고 그의 서재인 소재蘇齋를 방문해 귀중한 여러 자료를 볼 수 있었다. 이렇게 옹방강과 인연을 맺은 김정희와 신위는 귀국 후 조선에서도 편지로 옹방강, 그의 아들 옹수곤翁樹崑과 교유했다.

김정희와 신위는 각각 '보담재寶覃齋'와 '소재'를 당호로 사용하며 옹방강의 학문과 예술 세계를 본받고자 했다. 19세기 대표적 두 문인 관료의 옹방강에 대한 추숭은 당대 조선 문화계에 소재 당호 사용의 유행, 소식(소동파)을 숭배하는 숭소열崇蘇熱, 금석학의 발달 등과 같은 문화 현상을 낳았다.

김정희는 효명세자를 교육하고 보좌하는 세자시강원 관원을 지냈으며, 신위도 순조대에서 헌종대까지 고위 관직에 있었다. 이들의 영향을 받은 효명세자와 헌종 등 중요 왕실 인물들은 청나라의 문물뿐만 아니라 옹방강과 같은 청나라의 뛰어난 문인의 학문과 예술에 관심을 갖고 그것을 수용하고자 했다.

1844~1845년 헌종은 신위에게 옹방강의 서재 이름인 '석묵서루石墨書樓'로 편액을 써서 올리라는 명을 내렸다. 이때 신위는 옹방강의 손자가 보내준 옹방강의 '석묵서루' 인장을 함께 왕에게 올리기도 했다.

19세기 조선 왕실의 옹방강에 대한 관심과 존경을 엿볼 수 있는 현판 세 점이 전해진다. 이 중 '실사구시實事求是' 현판은 "사실에 토대를 두어 진리를 탐구한다"라는 뜻의 '실사구시'를 크게 쓰고 그 옆에 작은 글자로 "옛것을 고찰하고 현재를 증명하니, 산은 높고 바다는 깊네. 사실을 밝히는 것은 책이고, 이치를 따지는 것은 마음에 있네. 하나의 근원은 둘이 아니니, 나루터에서 찾을 수 있네. 만권 서적을 관철함은 다만 이 잠규規箴(잘못된 것을 고치거나 미리 조심하도록 경계하는 일화)라네"는 글을 적고 있다. 이어서 "1811년(가경 16) 10월 옹방강이 썼다"는 관서款署와 '담계覃溪', '옹방강인' 인장을 새겼다.

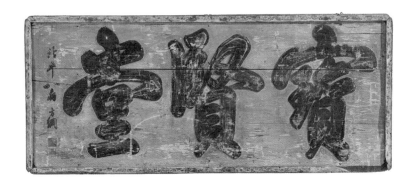

18세기 이후 조선은 청나라의 선진 문화를 수용하고 향유한 북학 취향의 선두에 있었다.
옹방강이 쓴 '실사구시' 현판, 장안당의 출입문인 '초양문' 현판,
집옥재 남쪽 별당인 '보현당' 현판.
(국립고궁박물관 소장)

청나라의 고증학은 실사구시 정신에 토대를 두었고, 이에 금석학이 경학·문자학·사학·서예에서 필수 기초 학문이 되었다. 금석학의 대가인 옹방강의 고증 정신과 그의 서체를 잘 보여주는 현판이라 하겠다. 이 현판은 창덕 궁에서 전해진 것으로 어느 전각에 걸렸는지는 확인되지 않으나 조선 후기 왕실의 청나라 학문과 예술에 대한 경도 와 지향을 잘 보여준다.

한편, 경복궁 건청궁 장안당의 출입문인 초양문初陽門 과 집옥재 남쪽 별당인 보현당寶賢堂의 현판은 옹방강의 글씨를 새긴 것으로, 옹방강과 그의 학문에 대한 추숭 열 기가 조선 후기 고종대까지 이어졌음을 알려준다.

이렇듯, 18세기 이후 조선 말까지 200여 년간 조선 왕 실은 청나라의 선진 문화를 수용하고 향유한 북학 취향의 선두에 있었다. 책가도와 〈동궐도〉에 묘사된 청나라 건물 을 모방한 건축물, 저명한 청나라 학자인 옹방강의 글씨와 인장을 새긴 궁중 현판 등은 조선 왕실의 청나라 문화에 대한 기호와 취향을 표상하는 물질 문화라고 할 수 있을 것이다.

제 **5** 장

도자기에
담긴
마음

어찌
왕과 세자가
같은 그릇을
쓰느냐

곽희원(국립고궁박물관 학예연구사)

고려의 도자기가 푸른빛의 청자로 대표된다면, 조선에는 우윳빛 백자가 있다. 백자란 백토白土로 그릇의 형태를 만들고 그 표면에 투명한 유약을 입혀 1,300도 고온에서 구워낸 도자기를 말한다. 고려시대부터 만들어지기 시작했으나 유교 사상을 국교로 채택한 조선시대에 이르러 널리 사용되었다.

　조선 백자의 담백하고 절제된 미는 성리학이 정착되고 내면의 도덕성을 중시한 조선의 이념과 잘 들어맞았다. 조선 왕실 도자기 제작장인 경기도 광주 분원 백자는 1884년에 분원이 공소貢所로 전환되고 사실상 민영화될 때까지 굳건히 조선 왕실의 공식 그릇으로 자리매김했다.

조선 왕실에도 백자를 사랑한 이가 있었으니 바로 세조다. 세조는 조카 단종의 왕위를 빼앗은 피의 군주 '수양대군'으로 알려져 있지만, 문무를 겸비하고 천문·음악·수학·의술 등 다방면에 재주가 많은 왕이었다. 불교 진흥에도 힘을 쏟아 불경을 간행하는 기구인 간경도감刊經都監을 설치해 한문본 불경과 이에 대한 한글 번역본(언해본諺解本)을 발행했다.

이 시기 언해본에는 세조가 직접 번역하거나 토를 단 경우가 많아 문예 군주의 면모를 살펴볼 수 있다. 글쓰기에도 조예가 깊어 직접 쓴 글과 시를 매개로 신하들과 소통하며 그들의 충심을 고무시키기도 했다.

『세조실록』에 의하면 1461년 6월 4일 수양대군을 임금으로 만드는 데 공을 세운 우의정 이사철李思哲이 오랫동안 병으로 몸져누웠다가 차도를 보이자 세조는 소주 다섯 병과 친히 시를 쓴 백자잔(화종畫鐘)을 내려주었다. 백자에는 "경이 비록 나를 보고 웃을 것이나 내 박이 이미 익었으니 쪼개서 잔을 만들었다"라는 내용이 쓰여 있어 충신에 대한 세조의 지극한 정情을 느낄 수 있다.

세조가 재위하던 15세기는 이미 중국을 중심으로 세계 도자기 흐름이 청자에서 백자로 접어든 시기였다. 백자는 잘 깨지지 않아 실용적이었기 때문에 검약과 실질을 숭상한 조선의 새로운 이념과도 부합했다. 특히 하얀 바탕에 푸른 문양이 수놓아진 청화백자는 고급스러운 실용기이자 사치품으로 상류층의 향유 대상이 되었다.

당시 조선을 왕래했던 명나라 사신들이 중국의 최대 도자기 제작지인 징더전 백자와 청화백자, 청자 등을 조선의 임금과 대신들에게 선물한 것도 백자에 대한 관심과 수요가 꾸준히 증가하는 계기가 되었다.

기록에 의하면 1445년 도순都巡 감찰 김종서金宗瑞가 고령현에 들렀을 때 고령의 백자를 칭찬하며 선물로 받기를 원한다거나, 양반들이 술자리에서 사용하던 백자 술잔을 가져갈 정도였다 하니 실로 백자에 대한 인기를 가늠해 볼 만하다.

15세기 중반 중국에서 들여온 청화백자에 대한 양반가의 관심은 이루 말할 수 없이 커져, 1475년에는 "중국의 청화자기는 가져오기가 어려운데도 서로 다투어 아름다움을 뽐내기 위해 사대부의 집집마다 사용"하는 현실을 꼬집으며 청화백자 쓰는 일을 일체 금지하게 하라는 상소를 찾아볼 수 있다.

15~16세기에 제작된 청화백자 매조죽문 유개 항아리에는
청화 안료로 매화와 대나무와 새를 운치 있게 그려넣었다.
(국립중앙박물관 소장)

그러나 당시 백자가 제작된 곳은 소수에 불과했으며 제작량도 많지 않았다. 백자에 대한 선망은 청화 안료와 백토에 대한 관심을 고조시키고 재료의 중요성에 대해 각성하는 계기가 되었다. 1466년에 이르러 왕실은 백토의 사용은 물론 그 산지까지 통제하고, 이를 공조와 승정원에서 각각 관리하게 했다. 이와 같은 통제는 왕실과 관청의 독점적인 백자 사용을 의미했다.

더욱이 청화백자는 백토로 도자기를 만들어 초벌구이를 한 뒤 회회청回回靑이라 부르는 코발트 광물 안료로 장식을 그리고 유약을 입혀 굽기 때문에 이 안료의 확보가 제작의 핵심이었다. 그러나 페르시아 산지에서 중국을 거쳐 조선에 수입되었으므로 매우 고가인 데다 수입이 원활하지 못했다. 성현은 『용재총화』에 "회청은 드물고 귀해 중국에 구해도 많이 얻을 수 없다"라고 하며 조선에서는 중국산 청화 안료인 토청土靑조차 구할 수 없어 그림 그린 사기가 매우 적다고 언급했다.

이처럼 매우 귀한 재료로 그려졌던 청화백자는 왕과 왕실 전유물로 궁중의 의례나 잔치 등에만 한정적으로 제작되었고, 왕실 행사에서는 사용자의 신분에 따라 청화백자와 문양이 없는 백자가 차등적으로 사용되기 시작했다.

단종의 왕위를 찬탈해 즉위한 세조였기에 왕권의 정통

성을 확보하고 왕위의 명분을 세우는 일은 평생의 업이 되었다. 누구나 갖기를 열망하던 백자 또한 이러한 세조의 의지대로 철저히 신분에 따라 위계질서에 맞춰 사용하도록 했다.

일례로 1462년 왕과 세자의 그릇을 구분하지 않고 섞어 쓴 것에 대해 궁궐에 음식을 제공하는 관청인 사옹원의 별좌別坐를 엄하게 벌한 일이 있었다. 세조는 "아비와 아들이 그릇을 같이하고 임금과 신하가 그릇을 같이하며 주인과 종이 그릇을 같이하는 것이니, 명분이 어디에 있으며 야인野人들과 무엇이 다르겠느냐"며 꾸짖고 더욱 조심하도록 일렀다.

이후 왕이 사용하는 그릇과 왕세자가 사용하는 그릇은 철저히 구분되었고, 제작 과정에서부터 그릇의 재질, 문양, 품질에도 차등을 두기 시작했다. 백자 중에서도 최상의 백자는 오직 왕만이 쓸 수 있었으며, 왕세자는 백토로 빚은 도자기에 청색의 유약을 입혀 만든 청자를 사용하도록 했다.

세조의 의지와 시대적인 배경에 힘입어 1467년 무렵 궁중과 관청에서 사용할 전용 백자 제작장인 사옹원 분원이 설치되었다. 경기도 광주는 가마를 땔 때 필요한 수목이 무성할 뿐만 아니라 지리적으로 왕실이 있는 한양과

15세기에 운영되었던
경기도 광주 우산리 2호 가마터에서 출토된 백자 파편이다.
백자 바닥에 새겨진 '내용內用' 명문은 궁중용을 의미한다.
(국립중앙박물관 소장)

가깝고, 한강을 통해 백자를 조달할 수 있는 최적의 위치였다.

또한 광주는 본래 양질의 백토 산지로 필수적인 재료 조달이 쉽고, 1425년 세종의 명에 따라 중국 사신 윤봉尹鳳에게 줄 '백자장군'을 만들 정도로 이미 수준 높은 제작 능력이 갖추어져 있었다. 그 결과 15세기 말에서 16세기에 운영된 분원 요장窯場인 광주 우산리, 번천리, 도마리, 무갑리 등에서는 당대 최고 수준의 순도 높은 백자들이 생산되었다.

이 일대의 중심 가마에서는 소량의 청화백자와 함께 순백자 발, 대접, 접시와 같은 일상 그릇과 의례용 항아리, 편병扁瓶, 손잡이가 두 개 달린 양이잔兩耳盞 등 특수 기형의 백자 등이 발견되었다. 조선 왕실의 관리와 통제 아래, 관요官窯에서는 선별된 원료와 능숙한 제작 기술을 바탕으로 단아하면서도 정교한 왕실용 백자들이 만들어질 수 있었다.

왕실의 관요 설치와 사옹원 분원 운영은 새로운 도자기 제작 체계를 의미하는 것이자 왕실에서 조선 백자의 흐름을 주도하는 계기가 되었다. 조선의 법전 『경국대전』에는 조선시대 백자의 생산이 얼마나 큰 국가적 사업이었는지 기록되어 있다.

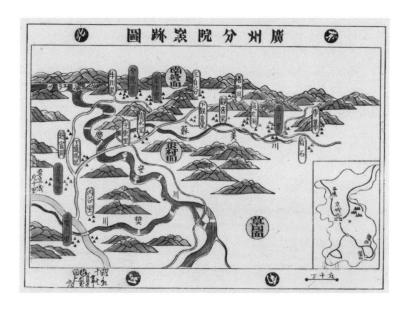

경기도 광주는 가마를 땔 때 필요한 수목이 무성할 뿐만 아니라
지리적으로 왕실이 있는 한양과 가깝고,
한강을 통해 백자를 조달할 수 있는 최적의 위치였다.
〈광주 분원 요적도窯跡圖〉.
(국립중앙박물관 소장)

『경국대전』에 의하면 사옹원 소속의 사기장沙器匠은 380명이 법정 인원이었고 전국에서 최고의 기술자로 선발된 1,000여 명의 사기장이 삼교대로 차출되었다. 이들은 결빙기인 2~3개월을 제외하고 장기간 경기도 광주에 상주하며 도자기를 제작했다. 공식적으로 1만 3,000개의 도자기는 봄·가을 두 차례에 걸쳐 진상되었고, 궁중의 잔치가 있을 때는 별도로 제작해 보내졌다.

왕실의 식기를 제작하는 곳인 만큼 사옹원의 책임자인 도제조는 대군이나 왕자, 의정부의 재상이 겸임했으며 제조와 부제조는 왕실의 종친들이 담당했다. 이들은 봄·가을로 분원에 파견되어 분원의 관리와 백자 품질을 감독했다.

청화백자의 문양은 궁중 화가인 도화서의 화원이 전담해 당대 화단의 화풍이 반영되어 있었다. 매우 귀한 원료였던 만큼 화원들은 일필휘지로 능숙하게 그려내야만 했다. 당시 세계적으로 백자를 만들 수 있었던 국가는 청나라와 조선을 제외하고 그리 많지 않았다.

유럽도 18세기 초에 이르러서야 독일 마이센Meissen에서 연금술사 요한 프리드리히 뵈트거Johann Friedrich Böttger가 8년의 노력 끝에 고령토를 발견하고 백자를 만들기 시작했다. 15세기 중반 왕실의 주도로 설치된 분원은 당대

최고의 하이테크high-tech 기술인 도자기 산업의 중추 기관
이자 최신 유행을 선도하는 도자기 보급처가 되었다.

조선 왕조 500년간 분원 백자는 신분과 쓰임에 따라
문양과 장식을 달리하며 왕권을 드러내는 상징물로 활용
되었다. 조선 도자기의 정수인 분원 백자는 조선 왕실의
건국 이념에 부합하는 새로운 시대의 그릇으로 성리학적
명분을 내세워 왕권 강화를 추구한 세조의 격조 있는 통치
도구였던 것이다.

도자기,
고종의 마음을
훔치다

곽희원(국립고궁박물관 학예연구사)

"나(고종)는 프랑스가 그들이 생산하는 예술 작품들로 유명하다고 자주 들었으나 이렇게 아름다운 것을 보는 것은 처음이다.……나는 이 선물을 조선에 대한 당신의 정부가 보여주는 우정의 증거로 여긴다. 귀국 대통령의 호의에 감사드린다고 전하기 바란다."

조선의 초대 프랑스 공사 빅토르 콜랭 드 플랑시Victor Collin de Plancy는 부임과 동시에 양국의 수교를 기념해 도자기 세 점을 고종에게 바쳤다. 공사가 프랑스 외무부에 보낸 정치 서한에 따르면, 붉은색 비단 천으로 싸인 도자기 세 점은 가마에 태워져 왕만이 드나들 수 있는 정전 가운데 문을 통해 옮겨졌다. 고종은 이 도자기를 보고 깊은 감명을 표했다.

조선에서 서구와 조약을 체결하고 수교 기념 도자기를 받은 일은 전례가 없었다. 프랑스의 마리 프랑수아 사디 카르노Marie François Sadi Carnot 대통령이 조선에 선물한 '백자 채색 살라미나Salamine 병'과 '백자 채색 클로디옹Clodion 병' 한 쌍은 프랑스 국립세브르도자제작소Manufacture National de Sevres에서 제작한 것이다. 세브르 도자기는 문화 강국인 프랑스에서도 오래전부터 전 세계 왕실과 귀족들의 권력을 대변하는 최고의 예술품으로 인정받아 왔다. 프랑스는 자국의 우수성과 강점이 최대한 드러날 수 있는 수교 선물로 첨단 기술과 프랑스의 문화적 전통이 융합된 세브르의 대형 화병을 선택했다.

이 화병들은 1883년부터 1895년까지 조선의 대외 교섭에 관한 일을 관장한 문서에 "세교정묘細巧精妙"라 묘사되어 있을 정도로 섬세하고 정교한 작품이다. 그중 전체 높이 62.1센티미터에 이르는 '백자 채색 살라미나 병'은 금 안료로 제작 연도인 '1878'과 'C-Carno…'가 쓰여

1878년 프랑스의 국립세브르도자제작소에서 제작한
'백자 채색 살라미나 병'은 조불수호조약 체결을 기념해
프랑스 카르노 대통령이 조선의 고종에게 선물한 것이다.
(국립고궁박물관 소장)

있어 프랑스 대통령 명의의 선물임을 알 수 있다.

화려한 꽃 장식 그림은 세브르 소속 화가로 활동했던 외젠 알렉상드르 블롯Eugene-Alexandre Bulot의 작품이다. 이 기형은 고대 도자기 형태에서 유래된 것으로 그리스 문화를 숭상한 로마시대에는 정원 장식품으로 쓰였고, 신고전주의 태동과 맞물려 세브르를 대표하는 양식으로 재탄생했다. 여러모로 이 화병들은 국가적 선물에 걸맞은 프랑스 대표 예술품으로 손색이 없었다.

조선과 프랑스는 1886년 미국, 영국, 독일, 이탈리아, 러시아에 이어 서양 열강들 중 여섯 번째로 조약을 체결했다. 프랑스는 1866년 자국 신부 9명이 사형 당한 일을 빌미로 강화도에서 격전을 벌이고 난 이후에도 계속해서 천주교 포교를 요구했다. 결국 조선이 프랑스의 요구를 우회적으로나마 수용함으로써 조약을 맺을 수 있었다.

프랑스는 병인양요에서 비롯된 침략국의 이미지를 상쇄하고 자국의 예술적 자부심을 드러낼 수 있는 도자기를 봉헌해 조선의 환심을 사고자 했다. 점차 우호국으로 인식되면 프랑스로서는 조선에 진출하기 훨씬 유리한 여건이 마련되는 것이며, 자연스럽게 프랑스의 영향력을 확대시킬 수 있었다.

프랑스 외무부는 1888년 조선에 빅토르 콜랭 드 플랑시 공사를 파견하면서 최우선적으로 프랑스 선교사들의 신분을 보호하라는 훈령을 하달했다. 선교사들은 직간접적으로 자신들의 거점 지역의 수많은 정보를 다양한 경로를 통해 프랑스에 제공했다. 이 정보는 프랑스의 국가 정책 수립과 여러 학문·산업 분야에 유용하게 활용되었다.

프랑스는 표면적으로 선교사의 활동을 지원함으로써 군사적·외교적 충돌을 피하고, 프랑스의 문화와 언어의 확산을 꾀했다. 따라서 초대 공사는 정치적·경제적 의도는 드러내지 않으면서 프랑스 외무부가 지시한 목적을 달성해야 했다. 이에 따라 세브르 도자기를 수교 예물로 봉헌하자고 건의한 것도 빅토르 콜랭 드 플랑시 공사였다.

당시 프랑스 정부는 외교 사절을 활용한 박물관 소장품 확대 사업을 전개했다. 빅토르 콜랭 드 플랑시 공사는 프랑스의 동양어대학에서 중국어를 전공했을 만큼 동양학에 관심이 많았으며, 이미 조선에 오기 전부터 세브르박물관 소장가 모임의 일원이었다. 여러 면에서 그는 정치, 경제, 문화예술 등 양국 관계 전반의 우호적인 협력을 전개하고 프랑스 문화정책을 수행하는 외교 사절로 적임자였다. 더구나 13년 동안 조선에 머무르며 다양한 도자기를 수집하기도 했다.

도자기 예물을 봉헌하며 구축하려 했던 프랑스의 이미

지 메이킹은 어느 정도 성공을 거둔 것으로 보인다. 고종은 정교한 도자기 예물을 직접 본 이후 프랑스를 기술적 진보를 이룩한 나라로 인식했다. 비록 협상이 결렬되기는 했지만, 1897년 고종은 조선의 공업을 발전시키고자 프랑스에 사기 제작 기술을 가진 공장 초빙을 요청했다. 빅토르 콜랭 드 플랑시 공사에게 프랑스 건축가의 고용과 삽화가 들어 있는 프랑스 건축 서적을 요청하기도 했다. 결과적으로 예술품으로 무장한 프랑스의 전략은 소기의 성과를 거둔 것이다.

세브르 도자기에 대한 답례로 고종은 그해 10월 프랑스 대통령에게 청자 대접 두 점과 왕실 공예품 '반화盤花' 한 쌍을 보냈다. 빅토르 콜랭 드 플랑시 공사는 카르노 대통령에게 이 우수한 청자 대접 두 점의 소장처로 세브르를 추천했고, 카르노 대통령이 이를 받아들여 1889년 3월 세브르박물관에 기증했다. 이 청자 대접 두 점 외에 다른 선물들은 카르노 대통령 개인이 갖고 있었던 것으로 보인다.

프랑스 국립기메동양박물관에 소장되어 있는 '반화' 한 쌍은 박물관 근처에 살던 카르노 대통령 후손이 1945년에 기증한 것이다. 박물관의 유물 카드에는 '한국의 왕roi de coree이 대통령에게 선물했다'는 기록이 있다. 이 분재 장식품은 여러 측면에서 궁중에서 쓰였을 것으로 짐작되

고종은 프랑스 카르노 대통령의 수교 예물의 화답으로
청자 앵무새 무늬 대접(위)과
청자 모란 넝쿨무늬 꽃 모양 대접(아래)을 답례품으로 보냈다.
(프랑스 국립세브르도자제작소 소장)

고종은 프랑스 카르노 대통령에게 금으로 된 가지와
옥으로 된 잎을 갖고 있는 반화 한 쌍을 보냈는데,
놋쇠 받침 위에 각종 보석류로 나무와 꽃을 만든 장식품이다.
(프랑스 국립기메동양박물관 소장, 국외소재문화재재단 제공)

지만, 정작 국내에는 이러한 실물이 남아 있지 않아 매우 귀한 문화재다.

조선과 프랑스의 수교 예물에는 양국의 동상이몽이 담겨 있다. 프랑스가 조선에 세브르 도자기를 수교 예물로 봉헌한 것은 표면적으로 양국의 우애를 공고히 하면서 동시에 조선 내 자국의 입지를 다지기 위한 고도로 전략화된 정책의 일환이었다. 고종이 보낸 반화는 표현 방식을 일컬어 "금지옥엽金枝玉葉"이라고도 불린다. 금으로 된 가지와 옥으로 된 잎이라는 뜻으로, 임금의 가족을 높여 부르고 귀한 자손을 이르는 뜻이다.

'청자 앵무새 무늬 대접'에 새겨진 앵무새 두 마리는 화목을 상징하는 길상무늬다. 국가의 운명이 풍전등화에 처했던 19세기 말, 프랑스 대통령 가족의 화목과 대대손손 번창을 빌어주며 고종이 꿈꾸었던 미래는 희망적이었을지 모른다.

개항 이후 조선은 밀려드는 외세에 더는 군사적으로 맞서기보다는 국제사회가 인정하는 근대국가로 거듭나기 위해 외교 관계의 변화를 모색했다. 서양 각국과 근대적 조약을 체결하고, 프랑스와 수교 기념 도자기 예물을 주고받은 것도 이러한 노력의 연장선상이었다. 조선 왕실에서는 철저히 제도에 맞춰 백자를 사용했고, 이는 500년간

이어졌다. 왕실 기물器物의 변화에서 보수적이었던 조선이 서양과 수교를 맺고 궁중에 서양식 도자기를 수용했던 것은 어쩌면 그들에게는 국운을 건 도전이었을지 모른다.

　현재 이 시기에 서양과 일본, 중국에서 수입된 서양식 도자기가 다수 남아 있다. 조선 왕실의 유산으로 남아 있는 도자기 예물과 서양식 도자기는 단순히 화려한 사치품이 아니라, 조선 왕실이 처했던 도전의 역사와 우리가 맞닥뜨릴 미래의 수많은 도전을 동시에 담고 있다.

화장품을
도자기에
담다

● 곽희원 (국립고궁박물관 학예연구사)

예부터 동서고금을 막론하고 피장자를 위한 부장품에는 호화로운 물건이 사용되었다. 신라의 왕릉 천마총에서는 금관을 비롯해 금귀걸이와 목걸이, 금동 신발 등 화려한 금속 공예품과 함께 서역 만리에서 제작된 코발트빛 유리 잔이 출토되었다. 최근 연구결과에 따르면 황남대총의 유리병과 유리그릇들은 이집트 혹은 지중해 연안에서 제작되어 북방 초원길을 통해 신라로 전해진 것이다. 황금의 나라 신라에서는 지방 세력에 금을 하사하기는 했지만, 유리는 오로지 왕릉급 무덤에서만 발견된다. 이는 유리가 그만큼 구하기 힘든 값비싼 교역품이자 귀중한 보물로 여겨졌음을 시사한다.

유리 공예품에 견줄 만한 최고급 하이테크 제품은 도자기다. 도자기 선진국인 중국을 제외하고 많은 나라가 고화도高火度 도자기 개발에 매달렸지만, 유럽에서는 1700년대가 되어서야 독일 마이센에서 그 첫발을 뗄 수 있었다. 도자기는 토기보다 굽는 온도와 강도가 높은 탓에 태토胎土의 정제와 유약 원료의 조성, 가마 구조와 크기, 번조燔造 방식 등 고도로 숙련된 기술력이 필요했다. 우리나라는 고려시대 초기부터 일찍이 청자 제작에 성공해 조선 청화백자까지 유구한 도자기 역사를 가지고 있다.

도자기는 계층에 상관없이 오랜 기간 다양한 기능으로 무덤에 부장되어왔다. 특히 18세기 중후반 일부 조선 왕실 가족의 무덤에 등장하는 지름 3센티미터의 유독 아주 작은 도자기들은 명기明器와 크기가 비슷하지만 화장품 용기다. 영조의 딸인 화유옹주和柔翁主와 화협옹주를 비롯해 사도세자와 혜경궁 홍씨의 장자인 의소세손懿昭世孫, 정조의 장남으로 5세에 요절한 문효세자文孝世子의 무덤에서 발견된 화려한 장식의 한국, 중국, 일본산産 도자기가 그것이다. 특히 화협옹주 묘의 화장품 용기 안에는 생전 옹주

화유옹주의 무덤에서는 청화백자와 옥제 비녀,
은제 주전자 등 30점이 넘는 명기가 부장되어 있었다.
(국립고궁박물관 소장)

의 화장품으로 추정되는 화장 성분이 그대로 담겨 있다.

부장품이 피장자의 위상과 직접적으로 연결된 것을 감안한다면, 왕실 가족 무덤에 넣어진 이 용기들은 아마도 고대 유리 공예품에 견줄 만한 최고급품이었을 것이다. 그렇다면 화장품 용기들은 어떤 경로로 조선에 들어와 왕실 전유물이 될 수 있었을까? 왕실 가족 무덤의 부장품 중 중국산 화장품 용기는 모두 청나라 도자기의 제작지인 징더전에서 제작된 것이다.

18세기 중후반은 건륭제의 재위 기간(1735~1795년)으로 내로라하는 도자기 장인들이 징더전에 모여들어 도자기의 완성도를 최상의 수준으로 끌어올린 시기다. 당시 청나라의 물건은 사절단의 북경 사행과 관허官許 상인들의 무역으로 유입되었다. 북경을 다녀온 사신들의 연행록에는 중국의 도자기와 골동품 등에 대한 감탄이 끊이지 않았다.

북경 사행은 1637년부터 1894년까지 600여 회에 걸쳐 이루어졌으며, 사은사謝恩使들은 여정 중에 청나라의 황제나 관리가 베푸는 연회에 참석하면 답례품이나 선물의 형식을 통해 도자기를 받을 수 있었다. 조선 후기 사행은 5개월여에 이르는 긴 기간이었기 때문에 이 여정 동안 사절단은 주로 융복사隆福寺나 유리창琉璃廠에 가서 도자기를 비롯한 각종 고동이나 서화 등을 구매했다.

화유옹주 묘에서 발견된 화장품 용기와 옥제 비녀, 은제 주전자, 회녹색 벼루 등 다양한 청나라 공예품은 남편인 창성위昌城尉 황인점黃仁點이 사행 중에 하사받았거나 구입했을 가능성이 높다. 이렇게 사들여진 청나라의 도자기들은 조선 왕실 가족의 사치품이자 청나라 문물을 향유하는 완상용 소품으로 귀하게 대접받았다.

등나무 무늬가 그려진 화장품 용기들은 일본 아리타의 백자다. 규슈九州 히젠번肥前藩의 여느 작은 시골 마을과 다름없었던 아리타는 임진왜란 때 피랍된 조선의 도공 이삼평李參平에 의해 최초로 도자기가 생산된 후 지금까지 그 명맥을 유지하고 있다. 특유의 정교함과 고도의 채색 감각이 가미된 아리타 도자기들은 훗날 독일의 마이센, 프랑스의 리모주Limoges와 같은 유럽 명품 도자기의 모태가 되었다.

등나무는 예부터 일본에 자생하는 넝쿨식물로 보라색 꽃이 풍성하게 자라 감상용으로 적합하다. 등꽃은 일본 역사상 가장 영향력 있는 귀족인 후지와라藤原 가문의 문장으로 짧은 꽃대에 알알이 달려 있는 꽃의 형태가 쌀을 연상시켜 풍작의 의미로 통용되었다. 헤이안平安시대 후기 후지와라 가문이 번영한 후부터 품위와 격조를 상징하는 의장으로서 궁중과 귀족의 생활용품 곳곳을 장식하는 무늬로 자리매김했다.

등나무 무늬의 사용자와 등꽃의 길상적인 의미는 이 문양들이 18세기 중후반 조선 왕실에 유행할 수 있었던 이유를 설명해준다. 특히 화협옹주, 화유옹주, 의소세손, 원빈 홍씨(정조의 비)의 무덤에서 발견된 색회色繪 도자기들의 형태가 아리타에서는 매우 흔치 않은 형식으로 알려져 조선 왕실에서 특별히 주문했을 가능성이 높다.

이 밖에도 화장품 용기에는 소나무, 운룡문雲龍文과 더불어 모란, 국화, 연꽃, 철쭉, 매화 등의 화훼문花卉文과 장수, 복을 바라는 길상문吉祥紋을 발견할 수 있다. 도자기의 문양 중 가장 많이 사용되는 소재인 화훼문은 화장이라는 상징성과 그 미감이 잘 들어맞았을 것이다.

화협옹주 묘에서 출토된 '청화백자 모란 넝쿨무늬 호'에는 뚜껑과 전면에 모란 당초문唐草紋(넝쿨무늬)이 가득 채워져 있다. 여기에는 미안수美顏水로 추정되는 지하수가 담겨 있었다. 지금의 로션과 같은 기능인 미안수는 피부를 곱고 촉촉하게 하는 역할을 한다.

모란은 꽃 중의 왕이라는 별칭답게 부귀와 영화를 상징하는 꽃으로 회화와 공예품의 단골 소재였다. 소량의 꿀 찌꺼기를 담았던 작은 합盒(뚜껑이 있는 그릇)에는 모란이

의소세손 묘에서 출토된 등나무 무늬 합(위)에는
짧은 등나무 꽃술이 묘사되었고,
원빈 홍씨 묘에서 출토된 은제 수적(아래)에는
장수와 복을 기원하는 문양이 장식되어 있다.
(국립중앙박물관 소장)

나 철쭉, 국화 넝쿨무늬 등이 장식되었으며 청화 안료의 담묵으로 표현하는 도자기 문양만의 운치가 느껴진다.

조선의 관영 도자기 제작장인 분원 백자에는 주로 칠보문七寶文이 그려져 있다. 다복·다수·다남 등 도교적 이념에서 비롯된 칠보문은 길상문이 유행했던 조선 후기에 애호되었다. 원빈 홍씨의 무덤에서는 화장분을 물에 적셔 사용할 수 있는 은제 수적水滴이 발견되었는데, 복을 바라는 의미로 '수복강녕壽福康寧'과 칠보, 여의두如意頭 문양을 함께 그려 그 의미를 더욱 극대화했다.

이 화장품 용기들이 명기로 제작되었다면 장수와 복을 기원하는 문양을 장식하기는 어려웠을 것이다. 등나무, 모란, 칠보문 등 도자기에 그려진 다양한 종류의 길상문은 이 백자들이 실제 조선 왕실에서 사용한 생활 기명器皿이자 왕실의 취향이 반영된 감상용 소품이었음을 시사한다.

조선 후기 민간에서는 임진왜란 이후 오랜 전란과 정치적 혼란 속에서 재앙을 면하고 평안과 복을 바라는 염원이 팽배했다. 길상문의 전성시대라고 해도 과언이 아닐 만큼 미술품 전반에 등장한 길상문은 이러한 소망에서 비롯된 것이다. 왕실이라고 달랐을까? 길상문이 새겨진 화장품 용기들에는 왕실 가족의 내세來世 평안을 기원하고 조선의 안녕과 태평성대를 바라는 마음이 담겨 있었다.

술잔에
용을 장식해
술을 경계하다

임지윤(국립고궁박물관 학예연구사)

영조의 열 번째 딸인 화유옹주의 무덤에서 은제 주전자, 은제 담배합, 회녹석 벼루, 옥제 비녀, 유리제병琉璃製瓶, 옥제쌍이잔玉製雙耳盞, 분채병粉彩瓶, 청화백자잔 등 매우 다양한 종류의 부장품이 출토되었다. 그중에서도 옥제쌍이잔 두 점은 18세기 다른 왕실 일원의 부장품 구성에서는 볼 수 없었던 기물이다.

　두 옥잔(옥배玉杯)에는 동물 모양의 손잡이가 양쪽에 대칭형으로 달려 있는데, 얼핏 보면 물고기 모양 같기도 하고 용 모양 같기도 하다. 이 동물은 중국 고대 신화에 등장하는 뿔이 없는 용의 한 종류로 '이룡螭龍'이라 칭해지는 상서로운 존재이며 중국의 공예품에 자주 보이는 것이다. 이룡은 본래 서너 개의 발가락으로 이루어진 네 발, 양 갈래로 갈라져 둥글게 말리는 긴 꼬리가 특징이다.

이 옥잔에는 다리가 생략되고 꼬리가 짧게 표현되어 단순화된 형태로 장식되었다. 이룡문螭龍文은 중국 고대부터 청대 이후까지 황실과 상류층을 중심으로 오랫동안 애호되었으며, 세월이 흐를수록 신성하게 여겨졌던 본래의 상징성이 축소되면서 단순한 장식 문양으로 변화되었다.

두 옥잔은 재질, 크기, 조형, 장식 문양 등 전반적인 요소들을 살펴볼 때, 명나라와 청나라에서 성행한 '옥제쌍리이배玉製雙螭耳杯'의 전형적인 모습을 띠고 있다. 화유옹주 묘 출토 옥잔 두 점과 매우 유사한 예로, 청나라에서 제작된 마노로 만든 쌍이잔, 돌출된 원점 형태인 유정문乳釘文(중국 고대 옥벽玉璧과 옥규玉圭 등에 표현되었던 문양으로, 하늘의 별을 상징한다)을 장식한 쌍이잔을 들 수 있다.

화유옹주 묘는 남편인 황인점과의 합장묘이므로, 부장품의 하한 시기를 1777년부터 1802년까지로 볼 수 있다. 옥잔을 비롯한 분채병, 유리제병, 청화백자잔 등 부장품의 일부는 청나라에서 제작되어 청나라를 자주 다녀왔던 황

화유옹주 묘에서 출토된 옥제쌍이잔에는
동물 모양의 손잡이가 양쪽에 대칭형으로 달려 있다.
이 동물은 중국 고대 신화에 등장하는 뿔이 없는 '이룡'이라고 칭해진다.
아래는 청나라 황실에서 사용되었던 옥제쌍이잔이다.
(국립고궁박물관·대만 국립고궁박물원 소장)

인점에 의해 청나라 황실의 증여 또는 사행 무역을 통해 조선에 유입되었다고 추정되는 것들이다. 황인점은 1776년부터 1793년까지 사신의 신분으로 총 여섯 차례에 걸쳐 청나라에 방문했는데, 두 옥잔은 청나라 황실에서 받았을 가능성이 높다고 판단된다.

화유옹주 묘 출토 옥잔과 같이 명·청대에 유행한 옥제 쌍리이배가 조선 후기 왕실 연회와 진전眞殿 제향 의례에서 사용되었음을 의궤에 그려진 도설圖設로 확인할 수 있어 흥미롭다. 1892년 고종의 망오望五(41세)와 즉위 30주년을 축하하는『임진진찬의궤壬辰進饌儀軌』, 1901년 헌종의 계비인 명헌태후明憲太后(효정왕후)의 망팔望八(71세)을 기념하는『신축진찬의궤辛丑進饌儀軌』, 1902년 고종의 망육순望六旬(51세)을 기념하는『임인진연의궤壬辰進饌儀軌』에는 전부 간략화된 이룡이 양 손잡이로 장식된 옥배가 그려져 있으며, 옥배와 함께 다섯 꽃잎 모양 은받침인 '은대銀臺'가 구성되어 있다.

또한 경운궁 선원전에 모실 선왕(태조·숙종·영조·정조·순조·문조·헌종) 일곱 명의 어진을 모사한 행사에 관한 기록인『영정모사도감의궤影幀摹寫都監儀軌』(1901년)에도 이룡이 손잡이로 장식된 옥잔이 실려 있다. 이 의궤에는 진전인 선원전에서 사용되는 다양한 예기禮器가 세밀한 채

진옥잔은 푸른빛을 띠는 옥으로 제작되었고,
금으로 만든 뚜껑과 옥으로 만든 잔 받침이 갖추어져 있다.
『신축진찬의궤』에 그려진 '옥배' 도설(위)과
『영정모사도감의궤』에 그려진 제3실 '진옥잔' 도설(아래).
(국립고궁박물관 소장)

색 도설로 묘사되어 있는데, 다례茶禮 때 봉안되는 '진옥잔
眞玉盞' 다섯 종류 중 제3실에 올리는 진옥잔과 제2, 5, 6실
에 올리는 진옥잔이 이룡 쌍이잔에 해당된다. 각 봉안실에
비치되는 이룡 쌍이잔은 두 종류로 잔의 기형과 문양에 서
로 차이가 있지만, 공통적으로 푸른빛을 띠는 옥으로 제작
되었고 금으로 만든 뚜껑과 옥으로 만든 잔 받침이 갖추어
져 있다.

『영정모사도감의궤』에 기록된 '진옥眞玉'은 어떤 옥을
뜻하는 것일까? 1444년 10월 26일 세종이 승정원에 이
르는 내용 중에 진옥을 언급하는 부분이 있다. 고려 때 원
나라 세조에게 옥대玉帶를 바쳤더니 원나라 관리가 진옥이
아니라 하여 세조에게 죄주기를 청했으나, 세조는 "해외
의 사람이 알지 못하고 바쳤으니 무슨 죄가 있느냐며 죄주
지 마라"고 명했다는 것이다.

그러면서 세종은 국내에서 산출되는 옥의 품질이 청옥
靑玉·백옥白玉·벽옥碧玉 등과 다르다고 하면서, 의정부에
서 옥 채취를 금하는 명령에 쓴 '진옥'이라는 문구를 '옥
같은 돌似玉之石'로 고쳐, 진짜 옥이 아니더라도 후세에 웃
음거리가 되지 않도록 하는 게 좋겠다고 언급했다. 따라서
'진옥'은 옥 중에서도 품질이 매우 뛰어나고 귀한 옥을 가
리키는 명칭이었음을 짐작할 수 있다.

안타깝게도 현재 전해지는 조선 왕실 옥잔은 매우 적으며, 화유옹주 묘 출토품 외에 이룡문 옥잔이 국내에 실물로 남아 있는 예는 거의 없다. 궁중 전래품으로는 창덕궁 선원전에서 국립고궁박물관에 이관된 유리 건판 사진 중 이룡 쌍이잔 흑백 사진이 남아 있을 뿐이다. 사진으로 보아 쌍이잔은 마노로 만들어진 재질로 여겨진다. 사진 속 잔이 실물로 존재하지는 않으나, 대신 의궤 등에 묘사된 도설과 명나라와 청나라 황실 기물을 통해 조선 왕실 의례에 사용된 이룡 쌍이잔의 실체를 파악해볼 수 있다.

중국의 옥석 생산지는 굉장히 많고 그 매장량도 풍부해 명나라 때부터 옥기 생산이 대규모로 회복되고 발전하기 시작했다. 청나라 때 옥 재질이 더욱 우수해졌고, 옥 조각 기술은 명·청대에 최고의 경지에 이르렀다.

조선시대에 옥기의 사용은 『경국대전』에 법으로 제정되어 엄격하게 규제되었고, 왕이나 왕실을 포함한 일부 관직에만 사용이 허용되었다. 조선시대에 옥 산지는 전국적으로 분포되어 있었지만, 높은 품질의 옥을 구하기가 쉽지 않았다. 조선시대는 전반적으로 옥광의 개발에 매우 소극적이었으며 특히 조선 초 세종은 전국의 옥광을 폐쇄시키기도 했다. 이는 중국에 공물로 대량의 옥이 반출되는 것을 막기 위해 옥 채굴을 기피했던 국책의 영향도 있었던 것으로 보인다.

그렇다면 '이룡이 장식된 옥잔'이 조선 왕실에 전해진 시기는 언제였을까? 현재 문헌 자료로 파악되는 가장 빠른 시기는 15세기 전반 무렵이다. 『세종실록』과 조선 중기의 문신인 조찬한趙纘韓이 쓴 『현주집玄洲集』에 근거하면, 1418년 명나라 영락제가 '꽃가지와 혜호蟪蛄(이룡)를 새기고 쪼아서 장식한 옥배'를 1419년 세종에게 전했고, 세종은 다시 이 옥배를 승정원에 하사했다.

명나라 황제가 선물한 이 옥잔은 지금 국내에 전해지고 있지 않지만, 대만 국립고궁박물원에 소장된 명나라 말기 황실 옥잔을 통해 그 형태를 조금이나마 추정할 수 있다. 이러한 꽃가지와 이룡을 장식한 옥잔이 조선 후기 『진찬의궤』 도설에 수록되어 있어 조선 왕실 연회에서도 사용되었다는 사실을 알 수 있다.

이 밖에도 명종이 옥으로 만든 혜호배蟪蛄杯를 독서당에 하사한 기록이 남아 있다. 여기에 "혜호는 술을 마시기만 하면 죽는 벌레 이름으로 이 벌레 모양으로 술잔을 만든 것은 술을 경계하기 위해서다"라는 재미있는 내용이 적혀 있다. 이 '혜호'와 같은 의미를 지닌 벌레의 이름으로 '갈호蝎虎'라는 명칭이 문헌 기록에 나타나는데, 이수광李睟光이 지은 『지봉유설』에 의하면 "승정원에서 평시에

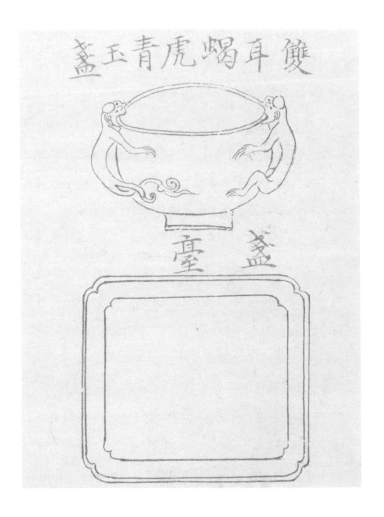

옥잔에 갈호를 장식한 것은
"갈호는 벌레의 이름으로 술을 보면 바로 죽어서
그 형상으로 경계하는 뜻을 나타내"기 위해서다.
『국조오례의서례』에 실린 '쌍이갈호청옥잔'.
(서울대학교 규장각 한국학연구원 소장)

갈호배蝎虎杯를 사용하는데……갈호는 벌레의 이름으로 술을 보면 바로 죽어서 그 형상으로 경계하는 뜻을 나타내는 것이라고 한다"라고 되어 있다. 결국 갈호와 혜호 둘 다 음주를 경계하는 의미를 지닌 동일한 대상임을 확인할 수 있다.

조선시대에 갈호는 도마뱀의 한 종류로 알려져 있었는데, 갈호가 바로 중국의 신수神獸인 이룡임을 『세종실록』「오례」가례 서례와 『국조오례의서례國朝五禮儀序例』「가례」 '준작尊爵' 도설에서 살펴볼 수 있다. 준작 도설에 실린 네 종류의 쌍이청옥잔 중 '쌍이갈호청옥잔雙耳蝎虎靑玉盞'의 양쪽에 부착된 갈호의 모습은 중국에서 다양한 장식 문양으로 애용된 이룡의 모습과 그대로 닮아 있다.

얇은 몸체와 두 갈래로 나뉜 긴 꼬리, 입으로 잔 테두리를 물고 네 발로 잔을 감싸고 있는 형태는 명·청대에 빠지지 않고 등장하는 이룡문의 유형이다. 명·청대에 성행한 여러 유형의 이룡문이 장식된 옥잔은 조선 왕실 연회에서도 어김없이 등장하는데, 실물 자료는 없지만 『진찬의궤』 등의 도설을 통해 확인된다.

이처럼 조선 왕실에서 옥잔은 『조선왕조실록』과 『국조오례의』, 의궤 등의 문헌 자료를 통해 주로 특별한 연회나 진전 제향 의례 등에서 술잔 또는 찻잔으로 사용된 사실이 파악된다. 아울러 왕과 신하 간 또는 중국 황제와 조선 국왕 간의 하사품으로 쓰이기도 했음을 알 수 있다. 특히 청나라 황실에서 권위와 길상 의미를 지닌 장식 문양으로 즐겨 쓰인 이룡문은 조선 왕실에서도 공식적인 왕실 행사에 등장할 정도로 선호되었으며, 이룡문이 장식된 쌍이청옥잔은 대한제국 시대까지 최고급 기물로 채택되었다.

옥잔에
꽃을
수놓다

임지윤(국립고궁박물관 학예연구사)

조선 왕실에서는 왕과 왕비, 왕대비(선대先代의 왕비)나 대
왕대비(선선대先先代의 왕비) 등 왕실 어른들이 생신을 맞이
하거나 존호를 받을 때, 즉위한 지 특정한 기념일이 되었
을 때 등과 같이 경사스러운 날에 축하 잔치를 베풀었다.
왕실 잔치는 유교적인 '효' 사상을 진작시키고 장엄한 의
식을 통해 왕실의 위엄과 권위를 드러냈다.

　아울러 문무백관 등을 한자리에 모아 왕실의 건재와
번영을 널리 알리는 국가의 중요한 행사였다. 특히 조선

후기에 거행된 왕실 연향의 대부분은 가족과 친인척, 신하들이 친애의 정을 표현하는 진연進宴 계통으로, 그 규모와 의식 절차에 따라 진풍정進豊呈, 진연, 진찬進饌, 진작進爵 등으로 구분된다.

연향 의식에는 이에 걸맞은 노래, 춤, 연주, 음식 등이 갖추어져야 했고, 각 절차에 필요한 다종다양한 공예품이 종류별로 배치되었다. 잔치용 상차림에 놓이는 그릇은 사용자의 신분에 따라 그릇의 종류와 개수, 재질과 문양 등이 달라졌다. 왕실 잔치의 주인공에게 만수무강을 기원하며 술을 올리는 의식인 '진작'을 위한 기물은 사용자의 신분에 따라 철저하게 서열화되었다.

진작은 해당 연향의 목적을 달성하는 가장 핵심적인 의례 행위로 진작에 사용된 기물은 연향을 주도한 주관자의 의도에 따라 결정된다. 술상은 사용자의 신분에 따라 수주정壽酒亭, 주정酒亭, 주탁酒卓으로 나뉘었고, 술병과 술잔, 술을 뜨는 국자(작勺) 등은 옥, 금, 은, 놋쇠, 도자기 등의 재질로 구별되었다. 그중에서도 술잔은 재질과 장식, 수량에 차등을 두어 신분별 위상 차이를 가장 크게 보인다.

술잔의 변화에서 주목되는 것은 왕과 왕비, 혹은 대왕대비 등에 한해 수주정에 배설되는 옥잔이다. 현존하는 궁중 연향 의궤에서 옥잔을 도식圖式으로 확인할 수 있는 것

〈화성능행도병풍〉 중 〈봉수당진찬도〉는 1795년 혜경궁 홍씨를 모시고
사도세자의 묘소인 현륭원 참배를 마친 뒤 정조가 베풀었던
어머니의 회갑 잔치 장면을 그린 그림이다.
(국립고궁박물관 소장)

은 1809년 순조가 그의 할머니인 혜경궁 홍씨의 관례冠禮 (성인식) 60주년을 축하하기 위해 기록한 『기사진표리진 찬의궤己巳進表裏進饌儀軌』부터다.

이 의궤는 손으로 그린 정밀한 채색 도식이 실려 있는 어람용 의궤로 그림의 수준이 굉장히 뛰어나다. 혜경궁 홍씨에게 올리는 술잔은 동쪽 수주정에 '옥작玉爵'이, 서 쪽 수주정에 '금작金爵'이 배치되었는데, 가장 높은 격식 을 갖추기 위해 최고급 재료인 옥으로 만든 술잔이 사용 되었음을 알 수 있다. 궁중 연향 의궤에서 '작'이란 명칭 의 술잔이 기록되어 있는 것은 『기사진표리진찬의궤』가 유일하다.

그 이후 1827년 왕세자 효명세자가 순조와 순원왕후 에게 존호를 올린 일을 기념하기 위한 『자경전진작정례의 궤慈慶殿進爵整禮儀軌』, 1828년 효명세자가 어머니 순원왕 후의 40세를 축하하기 위한 『순조무자진작의궤純祖戊子 進爵儀軌』, 1829년 효명세자가 순조의 40세와 즉위 30주 년을 축하하기 위한 『순조기축진작의궤純祖己丑進爵儀軌』, 1848년 헌종이 그의 할머니이자 대왕대비인 순원왕후의 60세를 축하하기 위한 『헌종무신진찬의궤憲宗戊申進饌儀軌』 에서 1902년 고종의 즉위 40주년을 기념하기 위한 『고 종임인진연의궤高宗壬寅進宴儀軌』 등에 이르기까지 '옥배'

옥배는 꽃 모양 잔의 겉면을 국화·연화·매화·모란 등
다채로운 꽃과 꽃잎이 달린 가지 장식이 감싸고 있다.
『자경전진작정례의궤』에 그려진 '옥배' 도설(위)과
『헌종무신진찬의궤』에 그려진 '옥도화배' 도설(아래).
(서울대학교 규장각 한국학연구원 소장)

와 '옥도화배玉桃花杯' 도설이 등장한다.

이 옥배들은 『기사진표리진찬의궤』에 묘사된 옥작과 마찬가지로 꽃 모양 잔의 겉면을 국화·연화·매화·모란 등 다채로운 꽃과 꽃잎이 달린 가지 장식이 감싸고 있다. 이렇게 정교한 투각透刻 기법으로 꽃 모양을 조각한 옥잔은 『기사진표리진찬의궤』 이전에는 볼 수 없었던 기물이다. 『세종실록』「오례」와 『국조오례의서례』「가례」'준작' 도설에 실린 쌍이청옥잔을 통해 조선 초기부터 옥잔이 왕실 가례에서 술잔으로 사용되었음이 확인된다.

그러나 앞에서 살펴본 높은 수준의 조각 솜씨로 섬세하고 화려하게 꽃가지를 장식한 옥잔은 조선 후기 궁중 연향 의궤부터 나타난다. 다만 아쉽게도 국내에 남아 있는 조선시대 실물 옥잔으로는 찾아보기 힘들다.

이러한 옥배 도설은 명대와 청대에 유행한 꽃 모양(화형花形) 옥잔과 그 형태·장식 기법과 문양 등이 매우 유사하다. 투각 기법으로 장식된 꽃 모양 옥잔은 대개 청옥·백옥·벽옥 등의 푸른빛을 띠는 맑은 옥으로 만들어졌다. 명·청대에 옥의 생산량과 품질이 대단히 발전하면서 궁중 안에 옥기를 전문적으로 생산하는 관청을 두었고, 조각기술이 최고 수준에 이르렀기 때문에 이와 같은 고난도의 다양한 옥기를 제작할 수 있었던 것이다. 꽃 모양 옥잔은 중국에서도 특수한 기형으로 명·청대 황실의 진설품으로 애용되었다고 판단된다.

이와 비슷한 옥잔이 조선 왕실 잔치에서뿐만 아니라 선왕들의 어진을 모시고 제례를 지내기 위한 선원전 의례에서도 사용되었다. 경운궁 선원전에 모실 선왕(태조·숙종·영조·정조·순조·문조·헌종) 일곱 명의 어진을 모사한 행사에 관한 기록인 『영정모사도감의궤』에는 작헌례酌獻禮 때 올리는 옥잔과 옥잔 받침이 채색 도설로 그려져 있다.

작헌례용 옥잔은 전부 규화형葵花形과 도화형桃花形 등으로 이루어진 화형 몸체에 표면을 세밀하게 투각한 여러 꽃가지가 에워싸고 있다. 선원전의 제2실에서 제7실까지 봉안되는 여섯 종류의 화형 옥잔은 각기 다른 형태의 옥잔이 사용되었다. 이 옥잔들에는 '진옥잔'이라고 기록되어 있는데, 세종대 문헌 기록을 통해 '진옥'이 옥 중에서도 품질이 매우 뛰어나고 귀한 옥을 가리키는 명칭이었을 것으로 추정된다.

그렇다면 궁중 연향에서 주인공의 지위와 위상을 표출하기 위해 최고급 기물로 사용된 옥잔이 어떻게 길례吉禮에 속하는 선원전 제향에도 비치될 수 있었을까? 선원전 제향은 당대 세속의 관습이나 시대의 필요 등에 따라 거행하던 '속제俗祭'에 포함되는 의례로, 선원전은 죽은 사람을

'꽃 모양 옥잔'은 조선 왕실 잔치와
선원전 제향에서 왕의 권위를 시각화하기 위한 예기였다.
『영정모사도감의궤』에 그려진 제7실 '진옥잔'과 잔 받침 도설(위),
청나라 황실에서 사용된 '꽃 모양 옥잔'(아래).
(국립고궁박물관·대만 국립고궁박물원 소장)

살아 있는 듯이 모신다는 원칙이 적용되는 곳이었다.

따라서 돌아가신 선왕을 살아 계시듯 정성을 다해 봉양한다는 의미에서, 일상 잔치에 쓰였던 옥기나 금은기를 제사상에 올릴 수 있었다고 파악된다. 즉, 궁중 연향에서 진작 기물인 옥잔이 '효'라는 사회적 가치를 구현하기 위한 상징물이었다는 점에서 선원전 제향 제기로서 옥잔과 상통하는 부분이 있다는 것이다.

작헌례용 옥잔 도설 또한 명·청대 황실에서 사용된 화형 옥잔과 깊은 연관성을 보이는데, 대만 국립고궁박물원에 소장된 옥잔과 비교해보면 도설에 묘사된 안 바닥의 꽃술 부분까지 그대로 일치한다는 것을 볼 수 있다. 『영정모사도감의궤』에 수록된 다례 때 봉안되는 여러 유형의 옥잔 중에는 양 손잡이에 이룡이 달려 있는 옥잔도 있다.

이는 왕실 잔치에서도 사용된 옥잔 유형으로, 이룡이 장식된 옥잔이 15세기 전반에 명나라 황실에서 조선 왕실로 하사되었다는 문헌 기록이 있다. 화형 옥잔의 하사 또는 수입에 관한 문헌 기록은 아직 발견하지 못했지만, 이룡 장식 옥잔과 비슷한 방식으로 조선에 들어왔을 가능성이 크다.

이처럼 '꽃 모양 옥잔'은 조선 왕실 잔치와 선원전 제향에서 왕의 권위를 시각화하기 위한 최고의 격식을 갖춘

예기로 채택되었음을 알 수 있다. 현재 국내에는 의궤 도설로만 남아 있으나 명·청대 황실의 고급 진설품으로 사용되었던 옥잔들을 통해 당시 조선 궁궐에 놓인 화려한 푸른빛의 옥잔을 짐작해보는 것은 어떨까 싶다.

화려한
법랑이
궁궐에 있는
이유

임지윤(국립고궁박물관 학예연구사)

1884년 3월, 고종은 창덕궁 후원 안쪽에 있는 농수정濃繡
亭 앞에서 사진을 찍었다. 고종은 왕세자 이척李坧(순종)의
탄생 10주년을 기념해 사진을 찍었는데, 이때 찍은 사진
이 고종이 가장 먼저 찍은 사진인 것으로 알려져 있다.

이 사진은 조선 최초의 서양 사절단인 보빙사를 보좌
했던 미국인 퍼시벌 로웰Percival Lowell이 촬영한 것으로,
그의 저서 『조선, 고요한 아침의 나라CHOSÖN: THE LAND
OF THE MORNING CALM』(1886년)에 실려 있다. 고종은

곤룡포를 입고 공수拱手 자세를 취한 채 정자 앞 장대석 계단 위에 서 있으며, 계단의 양옆에는 각각 커다란 향로가 놓여 있다.

고종의 사진과 동일한 배경과 장소에서 훗날 순종이 되는 왕세자 이척 또한 사진을 찍었다. 현재 이 사진에 대한 정확한 기록은 없지만, 고종의 사진을 찍었던 로웰이 1884년 3월쯤 같은 날짜에 왕세자의 사진도 찍었을 것으로 추측된다.

왕세자의 사진에서는 대형 향로를 올려둔 나무 탁자인 향궤香几가 잘리지 않고 나온 모습이 확인된다. 사진 속 향로는 당시 조선에서 제작된 기물이라기에는 매우 이색적이고 화려해 눈길을 사로잡는다. 이와 유사한 향로를 청나라 황실에서 확인할 수 있는데, 그 대표적인 예가 청나라의 첫 번째 수도였던 심양瀋陽 고궁故宮의 숭정전崇政殿에 놓여 있는 대형 향로다.

숭정전은 청나라 황제가 집무를 보거나 사신을 접견하는 등 황실의 공식적인 업무가 이루어졌던 정전으로, 1644년 청나라가 북경으로 수도를 옮긴 뒤에는 후대의 황제들이 제례를 올렸던 공간이기도 하다. 숭정전 내부 전당殿堂의 계단 양옆에 진열된 법랑 향로는 창덕궁 농수정 앞에 놓인 향로와 다소 차이는 있지만, 향로를 올려두는

창덕궁 후원 농수정 앞에 서 있는 고종의 장대석 계단 양옆에
'겹사법랑 향로' 한 쌍이 놓여 있다.
같은 날에 찍은 것으로 추정되는 왕세자의 사진에도
대형 향로와 나무 탁자인 향궤가 나온다.
(국립고궁박물관 제공·Lowell Observatory Archives 소장)

향궤까지 모두 동일하게 한 쌍으로 구성된 예기로 궁궐 전각을 장식하는 중요한 기물이었음을 알 수 있다.

향로의 뚜껑과 몸체에는 하늘색에 가까운 옅은 남색을 띤 법랑유琺瑯釉(석영·장석·붕사 등으로 만든 불투명한 유리질 유약) 바탕에 꽃 넝쿨 문양이 가득 채워져 있다. 이 향로에 사용된 '법랑 기술'은 금속 표면 위에 그린 밑그림 문양의 윤곽선에 가는 금속선을 고정시킨 후, 다양한 색상의 법랑유를 입혀 700도 내외에서 서너 차례에 걸쳐 구워내는 기술로 '겹사법랑掐絲琺瑯'이라고 칭한다.

창덕궁 농수정 앞에 진열된 향로는 흑백 사진인 탓에 색상을 확인할 수 없지만, 세 개의 다리에 장식된 짐승 얼굴문, 향로 전체에 빽빽하게 채워진 꽃 넝쿨 문양과 군데군데 그려진 뇌문雷文 등 전체적인 문양과 기형을 비롯한 여러 요소를 통해, 청나라 황실에서 애호했던 겹사법랑 공예품 중 하나였음을 짐작할 수 있다.

청나라 법랑 공예는 제작 방법에 따라 크게 세 종류로 나뉘는데, 앞서 언급한 '겹사법랑', 문양 윤곽선 이외의 여백을 쪼거나 움푹 파이게 조각해 문양을 도드라지게 보이게 하는 '참태법랑鏨胎琺瑯(내전법랑內塡琺瑯이라고도 한다)', 흰색 법랑유를 입힌 기면器面 위에 각양각색의 법랑유로 문양을 그려넣는 '화법랑畵琺瑯' 등이다. 그리고 법랑의 바탕이 되는 재질인 태胎의 종류, 즉 금·동·자기·유리 등에 따라서도 세분화된다. 대만 국립고궁박물원에 소장된 '겹사법랑 정형향로掐絲琺瑯 鼎形香爐'와 '겹사법랑 천계준掐絲琺瑯 天雞尊'은 법랑 금속기로서 '동태겹사법랑銅胎掐絲琺瑯'에 속한다.

법랑 기술은 청나라 황실의 독점 기술로 난도難度가 상당히 높고 제작 과정이 복잡해 오직 청나라 황실만을 위한 고급 공예 장식 기술이었다. 법랑 기술은 본래 비잔틴 제국과 이슬람 제국 등에서 금속기를 장식하는 데 사용되었던 것으로, 원나라 시대에 중국으로 전해진 것으로 추정된다.

동태겹사법랑은 이후 명나라 경태景泰 연간(1450~1456년)에 매우 정교하게 발전해 '경태람景泰藍'이라는 속명이 생기기도 했다. 청나라 법랑 기물은 특히 강희제, 옹정제, 건륭제의 열렬한 관심과 후원 속에서 제작되었으며, 금속태법랑과 자태법랑이 비약적인 발전을 했다.

고종과 왕세자의 사진 속 향로는 현재 실물로 파악되지 않지만, 국립고궁박물관에 그와 유사한 '겹사법랑 대형 향로' 한 쌍이 소장되어 있다. 두 점의 소장품은 창덕궁에서 이관된 궁중 전래품으로, 향로와 함께 향로 받침대가 일괄로 구성되어 있다. 두 점의 뚜껑 꼭대기에 구멍이

중국 심양 고궁의 숭정전에 있는 '겹사법랑 대형 향로'는
창덕궁 농수정 앞에 있는 '겹사법랑 향로'처럼
향로를 올려두는 향궤와 함께 한 쌍으로 구성되었다.

두 점이 한 쌍을 이루고 있는 '겹사법랑 대형 향로'는 향로와 함께
향로 받침대가 일괄로 구성되어 있다.
세 개의 다리에는 벽사를 뜻하는 괴수 얼굴과 발 모양이 장식되어 있다.
(국립고궁박물관 소장)

두 개씩 뚫려 있는 점을 볼 때, 원래 뚜껑의 손잡이가 있었으나 유실된 것으로 생각된다. 향로 전체에 넝쿨진 꽃 문양을 굉장히 섬세하고 빽빽하게 채워 넣었으며, 세 개의 다리마다 벽사를 뜻하는 괴수 얼굴과 발 모양을 도금 장식했다.

이러한 문양 구성과 장식 기법은 1884년 사진 속 향로와 공통점을 보일 뿐만 아니라, 18세기 중후반 청대에 유행한 겹사법랑 공예의 정교하고 번잡한 도안 특징을 고스란히 담고 있다. 이 향로는 언제 어떻게 궁궐로 들어오게 되었는지 확실하지 않지만, 청나라에서 19세기 무렵에 만들어진 것으로 여겨진다.

그렇다면 창덕궁 농수정 앞에 놓여 있던 겹사법랑 향로와 국립고궁박물관에 소장된 겹사법랑 대형 향로는 어떠한 경로로 궁궐에 유입될 수 있었을까? 두 쌍의 향로에 대한 정확한 유입 경위나 제작 시기 등 정보는 남아 있지 않다. 하지만 애초에 법랑 기물이 진상 또는 하사 때 외에는 청나라 황실에서 외부 유출이 금지되고 엄격하게 관리되었던 만큼, 궁궐 내 법랑 기물은 매우 특별한 경우에 한해 공식적으로 유입되었을 것이다.

법랑 기물이 조선으로 전해진 가장 이른 기록은 청나라 문헌 자료에 근거해 1723년(옹정 1)으로 알려져 있다.

1723년은 조선 경종 3년에 해당하는 시기로, 기록에는 당시 옹정제가 조선 왕에게 하사한 여러 물품 중 '어제법랑御製法瑯'이라고 적힌 그릇 17점, 즉 완碗(사발) 16점과 수호水壺(물 주전자) 1점이 포함되어 있다.

이후 다른 기록들에서 자기 재질의 법랑기 명칭은 '자磁' 글자를 명기해 따로 자기임을 밝히고 있으므로, '어제법랑'은 법랑 공예 중에서도 가장 먼저 고안되었던 금속 재질의 법랑기일 가능성이 크다. 1786년(건륭 51)인 정조 10년 이후, 18세기 후반에는 건륭제가 세 차례에 걸쳐 자기 재질의 법랑 합 10점을 하사했다는 문헌 기록이 있다.

이처럼 조선 왕실에서 법랑 기물을 처음 접할 수 있었던 경로는 청나라 황제의 하사를 통해서였음을 알 수 있다. 아울러 청나라 황실에서처럼 궁궐의 실내에 진열해 아름다운 장식 효과와 왕실의 권위를 드러내고자 했을 것이다.

1884년 사진 속 겹사법랑 향로 한 쌍은 원래 농수정에 있었던 것은 아니라고 생각된다. 당시 고종과 왕세자의 사진 촬영을 위해 농수정 앞에 특별히 양탄자를 깔고 향로를 옮겨와 임시로 배치했다고 판단된다. 평소에는 청나라 수도 고궁의 예와 같이 정전 등 주요 전각에 있었을 것이다. 흑백 사진 속 향로는 18~19세기에 청나라 황실을 통해 유입되었을 가능성이 높다.

이 밖에도 궁중 전래 실물로 현존하지는 않지만 청나라 황제의 하사품으로 추정되는 법랑 자기 병瓶들이 19세기『진찬의궤』도설에 등장해 연회나 의례 등에 활발하게 사용된 사실이 확인된다.

국립고궁박물관에 소장된 청나라 법랑 기물 중에는 황제에 의한 직간접 하사품으로 추정되는 것들이 있으며, 그 외에 19세기 후반 이후 민간으로 확산되어 제작된 것으로 보이는 유물이 다수 있다. 민간 제작 상품은 청나라로 파견된 사절단의 사행 무역 또는 개인 구입 등을 통해 조선 왕실로 들어왔을 가능성이 크다. 아직 연구해야 할 부분이 많지만 분명한 것은 청나라 황제 개인의 관심과 취향이 크게 작용해 제작된 법랑 기물이 18세기 이후 조선 왕실로 수용되어 왕실의 관리하에 지속적으로 사용되었고, 대한제국 시대까지 왕실 가족에게 애호되었다는 점이다.

참
고
문
헌

● 논문

Beatrice Quette, 「The Emergence of Cloisonnne Enamels in China」, 『Cloisonné, Chinese Enamels from the Yuan, Ming and Qing Dynasties』, Yale University Press, 2011.

강관식, 「영조대 후반 책가도 수용의 세 가지 풍경」, 『미술사와 시각화』 22, 미술사와 시각문화학회, 2018년.

━━━, 「청해 이씨 문중의 영정」, 『청해 이씨 기증 고문서』, 경기도박물관, 2002년.

강신엽, 「조선시대 대사례의 시행과 그 운영-『대사례의궤』를 중심으로-」, 『조선시대사학보』 16, 조선시대사학회, 2001년.

강현민, 「『조선왕조실록』을 통해 본 왕의 위락 활동」, 우석대학교 조경토목공학과 박사학위논문, 2016년.

구혜인, 「조선시대 왕실 제기 연구」, 이화여자대학교 미술사학과 박사학위논문, 2019년.

김미혜·정혜경, 「『식료찬요』 속 소갈(消渴) 식치방(食治方) 고찰과 이

● 305

를 활용한 당뇨 질환 예방 식단 개발」,『한국식생활문화학회
지』제28권 제6호, 한국식생활문화학회, 2013년.

김상엽, 「김덕성의『중국소설회모본』과 조선 후기 회화」,『미술사학연
구』207, 한국미술사학회, 1995년.

김선정, 「개인 소장 〈백자도(百子圖)〉 10폭 병풍−새로운 장면이 추가
된 예」,『미술사논단』22호, 한국미술연구소, 2006년.

김수영, 「영조의 소설 애호와 그 의의」,『인문논총』제73권 제1호, 서
울대학교 인문학연구원, 2016년.

──── , 「효종의 〈삼국지연의〉 독서와 번역」,『국문학연구』32권, 국
문학회, 2015년.

김은경, 「18세기 조선 유입 청대(淸代) 법랑자기(琺瑯瓷器) 연구」,
『미술사학연구』293, 한국미술사학회, 2017년.

──── , 「조선 후기 청대 법랑자기 수용 연구」, 고려대학교 고고미술
사학과 박사학위논문, 2018년.

김일환, 「조선 초기 군기감 별군고」,『실학사상연구』12, 역사실학회,
1999년.

김종덕, 「앵두의 품성과 효능에 대한 고문헌 연구」,『농업사연구』제
12권 제1·2호, 한국농업사학회, 2013년.

김해인, 「『장원서등록』의 구성과 장원서의 왕실 과물(果物) 공급 연
구」,『한국문화연구』33호, 이화여자대학교 한국문화연구원,
2017년.

김홍남, 「조선시대 궁목단병(宮牧丹屛) 연구」,『미술사논단』9호, 한
국미술연구소, 1999년.

김효경, 「조선 왕실의 세시풍속과 액막이」,『역사민속학』33, 한국역사
민속학회, 2010년.

박채린, 「김치의 기원과 제조 변천 과정에 대한 종합적 연구」,『한
국식생활문화학회지』제34권 제2호, 한국식생활문화학회,
2019년.

방병선, 「17~18세기 동아시아 도자 교류사 연구」,『미술사학연구』232,
한국미술사학회, 2001년.

백은경, 「고려 상형청자 연구」, 홍익대학교 미술사학과 석사학위논문,

2004년.

손명희, 「회화를 통해 본 효명세자의 삶」, 『효명』, 국립고궁박물관,
　　2019년.

손태도, 「경기 명창 박춘재론(論)」, 『한국 음반학』 7, 한국고음반연구회,
　　1997년.

송재용, 「『용재총화』에 나타난 민속 연구」, 『동양고전연구』 38, 동양고
　　전학회, 2010년.

송지청·김상운·채송아·엄동명, 「『식료찬요』에 나타난 소갈의 식치
　　(食治)에 대한 소고」, 『대한한의학원전학회지』 제25권 제3
　　호, 대한한의학원전학회, 2012년.

신한나, 「조선 왕실 흉례(凶禮)의 의장용 병풍의 기능과 의미」, 홍익대
　　학교 미술사학과 석사학위논문, 2009년.

심성미, 「조선시대 모란도 제작 양상의 일면」, 『한국민화』 2, 한국민
　　화학회, 2011년.

안보라, 「다시 찾은 초상화: 〈익안대군 영정〉」, 『고궁문화』 제12호,
　　국립고궁박물관, 2019년.

여민경·임은·황수정·이병욱·김기욱, 「『식료찬요』에 기재된 7개 병
　　증의 식약 요법에 관한 소고」, 『한국의사학회지』 제27권 제1
　　호, 한국의사학회, 2014년.

오순덕, 「조선시대 과편의 종류 및 조리 방법에 대한 문헌적 고찰: 의
　　궤와 고문헌을 중심으로」, 『한국식생활문화학회지』 제28권
　　제1호, 한국식생활문화학회, 2013년.

오영인, 「고려시대 원숭이형 청자문방용구에 대한 시론(試論)」, 『민속
　　학연구』 45, 국립민속박물관, 2019년.

유민형, 「판소리 패트론으로서의 대원군과 박유전 〈적벽가〉의 변모」,
　　『공연문화연구』 38, 한국공연문화학회, 2019년.

유혜진, 「고려 말 조선 초 최무선가의 화기 제조 활동」, 한국교원대학교
　　교육대학원 역사교육전공 석사학위논문, 2020년.

윤광봉, 「신위의 관극절구십이수고」, 『동악어문논집』 15, 동악어문학회,
　　1981년.

윤아영, 「관화의 연행 양상 및 변천에 관한 연구」, 『온지논총』 20, 온

지학회, 2008년.

──────, 「나례 준비 기관의 변천과 양변(兩邊)의 전통」, 『국악원논문 집』 26, 국립국악원, 2012년.

윤진영, 「영조대의 미술문화-회화를 중심으로」, 『2016년 장서각아카 데미 왕실문화강좌』, 한국학중앙연구원 장서각, 2016년.

윤호정, 「조선시대의 왕실 주기, 혜호배: 기록과 유물을 통한 실체와 조형의 복원」, 『미술사논단』 47호, 한국미술연구소, 2018년.

이아름, 「1809년 진찬 의례의 진작 기물 연구」, 『규장각』 53, 서울대 학교 규장각 한국학연구원, 2018년.

이아름·이은주, 「1828년과 1848년 순원왕후의 진작 기물 연구」, 『조선시대사학보』 85, 조선시대사학회, 2018년.

이욱, 「조선시대 왕실 제사와 제물의 상징: 혈식(血食)·소식(素食)·상 식(常食)의 이념」, 『종교문화비평』 20권, 청년사, 2011년.

이원복, 「조선시대 동물화」, 『미술세계』, 미술세계, 2011년.

이종숙, 「조선 후기 국장용(國葬用) 모란병(牡丹屛)의 사용과 그 의미- 정조 국장(國葬) 관련 의궤(儀軌) 분석을 중심으로」, 『고궁문 화』 제1호, 국립고궁박물관, 2007년.

이찬욱, 「원숭이띠의 민속과 상징」, 『중앙민속학』 6, 중앙대학교 한국 문화유산연구소, 1994년.

임지윤, 「조선 후기 공예품에 보이는 이룡문(螭龍文) 고찰」, 『고문화』 84, 한국대학박물관협회, 2014년.

전영옥·양병이, 「조선시대 조경 행정기구로서 장원서의 기능에 관한 연구」, 『한국조경학회지』 64권 4호, 한국조경학회, 1997년.

정병모, 「국립중앙박물관 소장 〈팔준도〉」, 『미술사학연구』 189, 한국 미술사학회, 1991년.

정병설, 「사도세자가 명해서 만든 화첩: 『중국소설회모본』」, 『문헌과 해석』 47권, 태학사, 2009년.

정희정, 「조선 후기 의궤 도설과 기록화를 통해서 본 연향 연구-음식 상 배설을 중심으로」, 이화여자대학교 식품영양학과 박사학 위논문, 2015년.

조창록, 「문헌 자료를 통해 본 조선의 원예 문화」, 『동방한문학』 제56

권, 동방한문학회, 2013년.

진준현, 「태조 이성계의 팔준도(八駿圖) (1)·(2)」, 『대한토목학회지』 제54권 제9호, 대한토목학회, 2006년.

陳夏生, 「明清珐瑯工藝概論」, 『明清珐瑯器展覽圖錄』, 國立古宮博物院, 1999년.

최용철, 「조선 왕실에서의 중국 소설 수용과 반향」, 『한자한문연구』 6, 고려대학교 한자한문연구소, 2010년.

허태구, 「17세기 조선의 염초 무역과 화약 제조법 발달」, 『한국사론』 47, 서울대학교 국사학과, 2002년.

● 신문

「애용(愛用)하시든 옥돌대(玉突臺)」, 『시대일보』, 1926년 5월 4일.

「운동(運動)과 옥돌(玉突)」, 『매일신보』, 1926년 4월 26일.

「이왕가 개설(李王家 開設)의 옥돌실(玉突室)」, 『매일신보』, 1912년 3월 1일.

「이왕비 옥돌 소견(李王妃 玉突 逍遣)」, 『매일신보』, 1914년 7월 4일.

「이왕전하 옥돌(李王殿下 玉突)」, 『매일신보』, 1912년 3월 7일.

「이태왕 전하 어환력연(御還曆宴)과 근상(近狀), 이태왕 전하 환갑 수연」, 『매일신보』, 1913년 8월 29일.

임치균, 「소설 사랑한 영조·사도의 '파국'···정조는 '잡서'라 금지했다」, 『세계일보』, 2017일 5월 19일.

● 단행본

Percival Lowell, 『CHOSÖN: THE LAND OF THE MORNING CALM』, Ticknor and Company, 1886.

강관식, 『조선 후기 궁중 화원 연구』(상하), 돌베개, 2001년.

강희안, 이종묵 역해, 『양화소록: 선비, 꽃과 나무를 벗하다』, 아카넷,

2012년.

고설봉 증언, 장원재 정리, 『(증언) 연극사』, 진양, 1990년.

국립고궁박물관 편, 『국역 영정모사도감의궤』, 민속원, 2014년.

국립고궁박물관, 『100년 전의 기억, 대한제국』, 그라픽네트, 2010년.

국립고궁박물관, 『청 황실의 아침 심양 고궁』, 꿈과놀다, 2019년.

國立古宮博物院 編輯委員會, 『明淸琺瑯器展覽圖錄』, 國立古宮博物院,
    1999년.

국립광주박물관, 『바람을 부르는 새』, 국립광주박물관, 2010년.

국립민속박물관, 『조선시대 대사례와 향사례』, 국립민속박물관,
    2009년.

국립중앙박물관, 『왕의 글이 있는 그림』, 국립중앙박물관, 2008년.

김남기 옮김, 『국역 열성어제 3』, 세종대왕기념사업회, 2018년.

김범, 『사화와 반정의 시대: 성종 · 연산군 · 중종과 그 신하들』, 역사비
    평사, 2007년.

단구오지앙, 유미경 · 조현주 · 김희정 옮김, 『중국 미술사 4: 명 · 청부
    터 근대까지』, 다른생각, 2011년.

무적핑크, 『조선왕조실톡 4: 뿔뿔이 흩어진 조선 패밀리』, 위즈덤하우
    스, 2016년.

박영수, 『유물 속의 동물 상징 이야기』, 내일아침, 2005년.

박황, 『판소리 소사(小史)』, 신구문화사, 1974년.

신대현, 『옥기 공예』, 혜안, 2007년.

이능화, 『조선해어화사』, 동문선, 1992년.

이왕무, 『조선 왕실의 군사 의례』, 세창출판사, 2019년.

이정희, 『근대식 연회의 탄생: 대한제국 근대식 연회의 성립과 공연문
    화사적 의의』, 민속원, 2014년.

장경희, 『조선 왕실의 궁릉 의물』, 민속원, 2013년.

정노식, 『조선창극사』, 형일출판사, 1974년.

최인진, 『고종, 어사진을 통해 세계를 꿈꾸다』, 문현, 2010년.

● 고문서 · 기타 자료

『견한잡록』
『겸명서』
『고려사』
『고려사절요』
『국조오례의서례』
『국조오례의』
『규합총서』
『대사례의궤』
『도문대작』
『동국이상국집』
『동문선』
『백일집』
『본초강목』
『본초강목습유』
『선원계보기략』
『순종국장록』, 조선박문사, 1926년.
『승정원일기』
『시의전서』
『신증동국여지승람』
『양화소록』
『열성어제』
『열성어필』
『오주연문장전산고』

『용비어천가』
『용재총화』
『은대편고』
『음식디미방』
『의방유취』
『익안대군 안양공실기』(鉛活字本)
『익안대군 안양공실기』(筆寫本)
『일성록』
『임하필기』
『제민요술』
『조선왕조실록』
『종묘의궤』
『증보문헌비고』
『학석집』
『한중록』
『현주집』
『홍재전서』
「구한말 정동 이야기: 당구(옥돌)」, 『문화콘텐츠닷컴』
국립민속박물관, 『원숭이 엉덩이는 빨개 MONKEY, 병신년 원숭이해 특별전』, 2015년.

저
자
소
개

곽희원 문화재청 국립고궁박물관 학예연구사. 홍익대학교에서 도예
유리를 전공하고 동대학원 미술사학과에서 한국 도자사를 공
부했다. 조선 후기 왕실 도자기에 나타난 명문(銘文), 화협옹
주 묘 도자 출토품, 개항기 수교 도자기 등 조선 왕실 도자기
를 주로 연구하고 있다.

김재은 문화재청 국립고궁박물관 학예연구사. 연세대학교 대학원 사
학과에서 한국사를 공부했다. 문화재청 덕수궁관리소에서 학
예연구사로 일했다.

김효윤 문화재청 국립고궁박물관 학예연구사. 영국 웨스트딘대학교
에서 도자기 보존을 전공했다. 문화재청 국립해양문화재연
구소에서 학예연구사로 일했다. 논문으로 「Analysis of the
Royal Seals of the National Palace Museum of Korea」,
「화협옹주 묘 출토 화장품 보존 연구」 등이 있다.

박경지 문화재청 국립무형유산원 학예연구사. 고려대학교 대학원에서 조선시대사를 전공하고,「조선 초기 국가례 정비와『국조오례의』편찬」으로 박사학위를 받았다. 문화재청 국립고궁박물관에서 학예연구사로 일했다.

백은경 문화재청 국립고궁박물관 학예연구사. 홍익대학교 대학원 미술사학과에서 한국 미술사를 공부했다. 문화재청 국립해양문화재연구소와 문화체육관광부 국립전주박물관에서 학예연구사로 일했다.

손명희 문화재청 국립고궁박물관 학예연구관. 미국 캔자스대학교 미술사학과에서 박사학위를 받았다. 문화재청 국립무형유산원에서 학예연구관으로 일했다. 논문으로「세조 어진의 두 봉안처: 영창전과 봉선전의 성격과 제향의 의미」,「조희룡의 임자도 유배 시절 회화 창작의 의미와 기능」등이 있다.

신재근 문화재청 국립고궁박물관 학예연구사. 서울대학교 대학원 고고미술사학과에서 한국 미술사를 공부했다. 문화재청 국립문화재연구소와 문화체육관광부 국립전주박물관에서 학예연구사로 일했다. 조선 왕실의 그림과 그 정치적 의미에 대해 관심을 가지고 있으며, 논문으로「국립고궁박물관 소장 〈세조어진초본〉 고찰」등이 있다.

안보라 문화재청 국립고궁박물관 학예연구사. 홍익대학교 대학원 미술사학과에서 한국 미술사를 공부했다. 문화재청 한국전통문화대학교 전통문화교육원에서 학예연구사로 일했다. 논문으로「조선 말기의 백납도(百衲圖) 병풍 연구: 보스턴미술관 소장본을 중심으로」,「다시 찾은 초상화: 〈익안대군 영정〉」등이 있다.